AYA NAKAMURA

Du même auteur

*J'étais là. 30 ans au cœur du rap*, avec Driver,
Faces cachées Éditions, 2022 (Édition poche, Points, 2023)

**www.editions-jclattes.fr**

Ismaël Mereghetti

# AYA NAKAMURA

Dictionnaire critique

LA GRENADE
JC Lattès

Conception graphique de La Grenade : Sarah Kahn
Couverture : Le Petit Atelier

ISBN : 978-2-7096-7513-0

Première édition : janvier 2025.

# Sommaire

## Avant-propos

Si vous ne deviez trouver qu'un seul mot pour définir Aya Nakamura, que choisiriez-vous ? Mission quasi impossible mais j'opterais peut-être pour « populaire ».

Populaire, d'abord, du fait de son succès hors-norme. Celui d'une jeune Malienne de Seine-Saint-Denis, passée, en quelques années, de talent prometteur des malnommées « musiques urbaines » au statut d'ambassadrice mondiale de la France devant plus d'un milliard de personnes, lors de la cérémonie d'ouverture des Jeux olympiques de Paris en 2024.

La trajectoire était inimaginable. Depuis sa percée sur « Love d'un voyou » en compagnie de Fababy en 2015, son premier hit en solo avec « Comportement » en 2017, les raz-de-marée « Djadja », « Copines » ou « Pookie » sur son blockbuster *Nakamura* en 2018, jusqu'aux tubes à la pelle d'*AYA* en 2020 puis de *DNK* en 2023. Elle a brisé les plafonds de verre pour conquérir un public mêlant les âges, les milieux sociaux et les origines. Ses chansons résonnent des rues en terre ocre de Bamako aux soirées des plus coûteuses écoles de commerce parisiennes ; elles font aussi bien vibrer les fêtes de village que les événements mondains de la Fashion Week. Force est de constater que l'art d'Aya a le don de toucher le plus grand nombre.

« Il n'y a plus d'art populaire parce qu'il n'y a plus de peuple », écrivait le grand intellectuel et ministre de la Culture André Malraux au milieu du XX^e siècle. Il voulait signifier par là que nos sociétés modernes sont si divisées, en multiples communautés, qu'il n'existe plus d'art capable de rassembler à grande échelle. Pourtant, c'est bien la prouesse que réalise celle que l'on surnomme désormais la « Reine de France ». Qui dit Reine dit peuple, et le sien transcende les clivages et réunit des individus de tous horizons – politiques, géographiques, culturels, générationnels, religieux... Des individus évoluant habituellement dans des bulles cloisonnées mais tous ensorcelés par sa « nouvelle pop », cette musique populaire qu'elle façonne à travers une fusion de styles aux pouvoirs magiques. Un peuple qui se reconnaît également dans ses discours d'authenticité puisqu'elle ne cesse de mettre à nu ses émotions et ses contradictions, ses forces et ses faiblesses ; le tout avec une sensibilité universelle et un langage de proximité, synthèse de toutes les influences de l'époque.

Bien plus qu'un phénomène de mode, Aya Nakamura est un reflet de la France d'aujourd'hui. Ses réussites, comme les polémiques qu'elle suscite, en disent long sur l'ère que nous traversons. C'est d'ailleurs ce qui a motivé l'écriture de cet ouvrage : aucune autre artiste actuelle ne fédère des millions de gens si différents en faisant à ce point débat. Saisir la singularité de l'art d'Aya, et ce qu'elle représente, revient à ouvrir une fenêtre sur notre monde.

Enrichi de nombreuses anecdotes, ce dictionnaire critique vise à vous plonger dans les coulisses de sa création et de la construction de sa carrière, à décrypter ses influences et à décoder son impact musical et sociétal.

À son image, j'ai conçu le livre pour tous les publics. À la fois pour la communauté des fans assidus qui y apprendront, à coup sûr, de précieuses informations ; pour celles et ceux qui se sont juste amusés à danser sur ses hits sans comprendre l'ampleur de l'engouement autour d'elle ; pour toutes les personnes l'ayant découverte avec surprise lors de sa prestation des JO à l'été 2024. Bref, pour les curieux, les réticents, les passionnés, les réfractaires…

Aya ne laisse personne indifférent. Elle est moquée, encensée, méprisée, reconnue. Que vous aimiez ou non ses chansons et sa personnalité, j'espère que ce voyage au cœur de son univers vous permettra de mesurer ce qui fait d'elle une artiste à part entière de notre patrimoine national.

# A

## Académie française

« Si on élisait une femme à l'Académie, on finirait par élire un nègre… » Non, il ne s'agit pas d'une déclaration vieille de plusieurs siècles, du temps de l'esclavage ou de l'Ancien Régime lorsqu'on hiérarchisait officiellement les êtres humains. Les mots datent de 1980. Et ils ont été prononcés par Pierre Gaxotte, alors membre de l'Académie française, prestigieuse institution dont la mission historique était de réglementer l'usage de notre langue.

Le 26 juillet 2024, une femme noire, originaire du Mali, enflamme le dôme de cette même Académie. Ce n'est pas une élection mais un coup d'État : au milieu d'une haie d'honneur de feux d'artifice, vêtue d'une robe en sculpture de plumes – un phénix renaissant de ses cendres –, Aya Nakamura parade en direction du pont des Arts. Tout un symbole.

Sept ans après avoir bousculé les esprits avec son premier succès national qui a imposé avec audace l'expression « être dans son comportement[1] », et après des mois de polémiques aux relents racistes et misogynes, Aya représente bel et bien la France lors de la cérémonie d'ouverture des Jeux olympiques à Paris. « Je ferais mieux d'aller choisir mon vocabulaire, pour te plaire, dans la langue de Molière[2]. » Elle revisite cette chanson iconique de 1963 signée Charles Aznavour, « For me… Formidable » dans laquelle l'artiste d'origine arménienne, aussi victime en son temps de xénophobie et de moqueries sur sa petite taille et son nez jugé trop imposant, mélange avec humour anglais et français.

Cette scène, devenue le plus gros pic d'audience de l'histoire de la télévision du pays avec presque 32 millions de téléspectateurs, prend des allures de revanche. Car depuis ses débuts, des personnalités politiques, des médias et une partie du public tournent en dérision l'écriture d'Aya. On critique ses anglicismes, on déclame ses textes avec mépris sur les plateaux pour démontrer qu'elle ne parlerait

1. Cf. l'article « Comportement », p. 35.

2. Charles Aznavour, « For me… Formidable », *Qui ?*, 1963.

pas français, que ses morceaux n'auraient aucun sens, que Baudelaire se retournerait dans sa tombe en entendant sa prose, etc.

Ces attaques l'ont profondément blessée, elle qui a fait le choix de chanter comme si elle parlait à ses copines, en reproduisant son langage de tous les jours nourri d'argot, de mots étrangers en provenance de tous les continents et d'expressions inventées de toutes pièces. Le but est simple : faire vibrer, faire danser. C'est la dimension essentielle que les critiques oublient en dénigrant son œuvre. Ses textes, qui tordent la syntaxe et le vocabulaire, n'ont pas vocation à être récités dans le silence. Ils font partie d'une alchimie musicale, incarnés par des intonations et des mélodies vocales, et portés par des pistes instrumentales. L'ensemble vise un résultat magnétique, addictif, fait pour ressentir son corps.

Preuve ultime en cette soirée de cérémonie : les déhanchés presque contre-nature des musiciens de la Garde républicaine, autre noble institution du pays, qui accompagnent la star dans un duo improbable sur le tube « Djadja » pour clore le show. D'habitude si raide, l'orchestre semble envahi par une énergie contagieuse et s'abandonne même à quelques pas de danse bien éloignés de l'esprit militaire. Un tableau surréaliste quand on sait que quelques semaines plus tôt, le président du Sénat lui-même, officiellement troisième personnage de l'État, rabaissait les paroles de ce titre au cours d'une interview télévisée.

Pourtant dans « Djadja », on trouve aussi bien le fameux « catchana », terme inédit pour qualifier une position sexuelle, la levrette, que le mot « catin » vieux de plusieurs siècles et présent dans le dictionnaire de l'Académie. *Idem* pour l'autre chanson interprétée pendant la prestation, « Pookie », dans laquelle on entend à la fois « Blah blah blah d'la pookie[1] », qui signifirait le « blabla d'un traître », et « pipelettes », terme figurant dans le dictionnaire de référence *Littré*. De l'avis de nombreux linguistes, Aya Nakamura métamorphose le français pour donner naissance à une « outre-langue » qu'elle cherche à faire sonner musicalement. Elle associe des mots existants à des mots venus d'ailleurs ou de nulle part, les agence comme des instruments et façonne de nouveaux rythmes, de nouvelles sonorités pour susciter des émotions[2]. C'est tout ce qui compte.

Aya n'est pas Baudelaire, et ça tombe bien, elle n'a jamais eu l'intention de l'être. Elle est une chanteuse dont l'art a le mérite de toucher les esprits et

1. « Pookie », *Nakamura*, 2018.
2. Cf. l'article « Pookie », p. 123.

les cœurs dans des proportions rarement atteintes jusqu'à présent en France. Et, comme l'a affirmé le chef de la musique de la Garde républicaine, le capitaine Frédéric Foulquier : « Il n'y a pas de sous-culture[1]. » L'Académie française en a été témoin.

1. *Le Parisien*, 27 juillet 2024.

## Aulnay-sous-Bois

« Je ne suis pas du genre à pleurnicher sur mon quartier, je le kiffe, j'y vais souvent », déclarait Aya dans l'émission *C à vous* sur France 5 en 2019. Ce quartier, qu'elle a adopté en arrivant enfant en France depuis son Mali natal, se situe en plein cœur d'un département rongé par la pauvreté et le chômage, la Seine-Saint-Denis, dans la ville d'Aulnay-sous-Bois plus précisément. Nom officiel : le Quartier de La Rose-des-Vents, souvent surnommé, moins poétiquement, la « Cité des 3000 » – référence aux 3000 logements construits dans ces barres d'immeubles sorties de terre en 1970. Une banlieue dans la banlieue puisqu'il faut près de vingt minutes de bus ou quarante-cinq à pied pour seulement rejoindre la gare d'Aulnay.

Aux 3000, classé quartier prioritaire, un habitant sur quatre vit sous le seuil de pauvreté. Le quotidien des vingt-cinq mille résidents est fait de débrouille, d'entraide, d'isolement, sur un territoire déserté par les commerces et les lieux de culture, mais gangréné par les trafics de drogue et les cercles de violence qu'ils engendrent. C'est aux 3000 que s'est déroulée en 2017 la tristement célèbre « Affaire Théo », du nom de ce jeune homme dont l'anus avait été perforé par la matraque télescopique d'un policier au cours d'un contrôle. Cet environnement n'a toutefois pas laissé que de mauvais souvenirs à Aya. Au micro de l'émission *Femmes puissantes* sur France Inter, elle affirmait en 2020 : « Je n'ai pas eu une enfance difficile en me disant : “on manque de culture, on n'est pas assez aidés, on n'est pas assez soutenus, c'est la misère”. Oui, il y a des trucs un peu plus difficiles, comme dans tous les quartiers, mais je n'ai pas vécu ça comme une enfance négative. On n'était pas des bourgeois mais Dieu merci ma mère nous a très bien éduqués. »

Avec son frère et ses quatre sœurs dont elle est l'aînée, elle confie avoir eu une jeunesse tout à fait classique entre les tours d'Aulnay-sous-Bois, où plus de la moitié des jeunes sont immigrés ou descendants d'immigrés : « École, maison, dodo, natation, copines. » Car oui, Aya pratiquait intensément la natation, ce qui a sculpté son corps, avant d'arrêter pendant l'adolescence : « Je suis devenue superficielle, j'avais bien plus envie de me maquiller, de sortir en soirée, d'avoir la nouvelle coiffure, le nouveau make-up à la mode. Je n'étais plus trop dans le vestiaire, ça ne faisait plus partie de mes priorités. » (*Totémic*, France Inter, 2023)

Peut-être un mal pour la natation féminine française, qui sait, mais assurément un bien pour l'industrie musicale. C'est à Aulnay qu'elle écrit en secret à treize ans sa première chanson que personne n'écoutera jamais. La première étincelle de la passion…

# B

## Beleck

Une quinzaine de minutes, c'est le temps qu'il a fallu à Aya pour produire cet ovni. Il est quatre heures du matin ; la session de travail a été fructueuse puisqu'elle vient de donner naissance à « Baby », qui deviendra le premier et plus gros tube de son quatrième album *DNK*, sorti en janvier 2023. L'humeur est festive, l'équipe sait qu'elle tient déjà un hit. « On fait un autre morceau ou bien on rentre ? » Les beatmakers[1], en confiance, veulent prolonger un peu l'ambiance boîte de nuit qui règne dans le studio. Ils proposent une rythmique « shatta », un dérivé du dancehall originaire de Martinique et mis en avant par des artistes comme Maureen (l'hypnotique « Tic », par exemple), Meryl ou Kalash. Pour faire simple, le shatta est au dancehall ce que la trap peut être au rap, un petit frère turbulent et moins sérieux ; les paroles sont encore plus explicites,

1. Ses compositeurs musicaux.

les curseurs de la libre expression poussés plus loin. Cette nuit-là, l'instrumentale shatta est imparable et colle parfaitement à la *vibe* du moment. L'inspiration naît toute seule. Aya entonne une phase logique : « On dirait qu'tu kiffes le mood[1] »... Et un annonciateur « beleck », terme arabe signifiant « attention », qu'elle métamorphose presque à la sauce latino dans sa prononciation.

Résultat : un titre qui ne ressemble à rien d'autre dans sa discographie. Et pour cause, il illustre la volonté de la jeune artiste de renouveler régulièrement ses compositeurs. Derrière « Beleck », une toute nouvelle équipe qu'elle est allée elle-même contacter sur Instagram : d'un côté, les frères Max et Seny qu'elle mentionne dans le morceau, le fameux « c'est Max à la guitare et Seny au piano[2] ». De l'autre, le trio Shiruken Music à l'origine de hits pour Gazo ou Tiakola.

D'album en album, Aya tire sa force du sang neuf qu'elle injecte dans son entourage pour élargir ses horizons musicaux, tout en restant fidèle à ses collaborateurs de longue date. Exemple avec le compositeur Seysey, présent sur « Angela » ou « Moi » de *Journal intime* dès 2017, mais également sur

1. « Beleck », *DNK*, 2023.
2. *Ibid.*

« Coller » ou « Corazon » de *DNK* en 2023, comme sur « 42 », single de l'été 2024.

Tout ce qu'elle recherche pour créer au mieux, ce sont de bonnes ondes, des beatmakers avec qui être à l'aise en cabine d'enregistrement pour laisser libre cours à ses envies. Elle a confié au micro du *Code* sur Apple Music en 2023 qu'elle ressentait toutes les mauvaises *vibes* en studio, notamment la pression que se mettent parfois des musiciens du fait de sa stature. Ce fut le cas pour l'album *AYA* qui a suivi le carton de *Nakamura* en 2018 : après le succès, elle concède avoir eu du mal à retrouver la légèreté des premières années quand les sessions s'apparentaient à des fiestas entre potes. Conséquence directe ou non, le projet est beaucoup plus calme, voire sage.

Les atmosphères anxiogènes, elle les fuit désormais. S'ambiancer et partager de bons moments, son moteur essentiel. Un moteur dont elle a eu particulièrement besoin lors de la conception de *DNK*. Post-covid, après de longs mois loin de la starification, loin des réseaux, elle n'était plus « La Nakamurance » mais Aya Danioko, de son vrai nom (d'où le « DNK » en titre d'album). Elle avoue avoir presque oublié à cette période qu'elle était chanteuse. Il a donc fallu se redécouvrir et rallumer la lumière de la création.

Et pour reprendre quasiment à zéro, quoi de mieux que de nouvelles rencontres ? Le courant est passé avec Max et Seny, tout comme avec Shiruken Music qui ont été des catalyseurs d'énergie, participant à raviver la flamme du plaisir artistique. Une aubaine pour explorer de nouveaux terrains sonores et se réinventer. « Beleck » en est la preuve.

## Bercy

Un quart d'heure, le délai d'attente d'un bus dans son quartier d'enfance des 3000 à Aulnay-sous-Bois. Ou le temps qu'il a fallu à Aya pour remplir trois fois l'Accor Arena de Paris-Bercy – trois fois vingt mille spectateurs. Un record absolu de rapidité pour une artiste française.

Elle doute pourtant de ce succès au départ. Lorsque Rémy Corduant, qui s'occupe de l'organisation et de la direction artistique de ses concerts depuis le début de sa carrière, lui propose de se produire trois soirs de suite, elle est plus que sceptique. Elle imagine plutôt n'en programmer qu'un seul, et faire un *sold-out* en deux ou trois mois. « Aya est humble, elle me prenait pour un fou. Pour elle, si on faisait un Bercy, c'était déjà bien. J'ai réussi à la convaincre, elle m'a fait confiance mais elle ne voulait même pas qu'on annonce les trois d'un coup, elle préférait qu'on les mette en vente un par un[1]. » Une précaution qui n'aura servi à rien puisque tout a été affiché complet en un éclair.

Et pourquoi pas un Stade de France ? Là encore, cette même forme d'humilité. À moins de trente ans et à peine dix années de carrière, Aya considère qu'il lui reste plein de choses à prouver avant de se produire sur la scène ultime devant quatre-vingt mille spectateurs. Ironie du sort, au même moment c'est Beyoncé, l'une de ses seules idoles musicales, une artiste dont elle a toujours admiré la prestance et les performances, qui s'y trouve programmée. « Je veux essayer d'atteindre ce niveau-là déjà ; Queen B, comme Rihanna, sont des références pour moi en termes d'attitude et de charisme », explique-t-elle notamment à Apple Music, début 2023.

L'artiste privilégie aussi pour l'instant une certaine proximité avec le public : « Quand je suis sur scène, je veux que les gens entendent bien ma voix, apprécient mon art, se rendent compte que je suis une chanteuse », poursuit-elle. Et c'est ce qu'ont pu constater ses fans les 26, 27 et 28 mai 2023 : jeux de lumière, danseurs, scénographie digne d'un défilé de mode, musiciens de haut niveau… Et une Aya devenue diva charismatique sur scène. L'audience, à

1. *Entourage Podcast*, juillet 2024.

90 % féminine, majoritairement des femmes noires, l'accompagne en chœur sur tous les morceaux de ce show maîtrisé d'une heure et demie. Dans la salle, le journal *Le Parisien* recueille les réactions : « On n'a pas beaucoup de modèles, elle représente la réussite de notre communauté » ou même « elle pourrait être notre pote, on se reconnaît toutes en elle ».

Bercy a mis sous le feu des projecteurs une recette magique, composée de deux ingrédients d'ordinaire difficiles à mélanger : majesté et proximité. Aya la bonne copine, « Queen A » la reine.

# C

## Comportement

« Tous ceux qui auront ramé / À la fin auront gagné / J'ai calé, calé l'affaire / Laissez, laissez-moi faire[1]. » Les paroles de « Comportement », premier hit national d'Aya en solo, étaient prémonitoires. L'histoire du morceau est rocambolesque et en dit long sur le tempérament de la jeune artiste.

Tout commence par une fuite du titre en 2016, juste après la naissance de sa fille aînée. Sa carrière débute à peine, elle n'a que quelques chansons à son actif dont le featuring avec Fababy, « Love d'un voyou », qui l'a fait découvrir au public rap et R'n'B à la rentrée 2015. Petite percée qui lui a permis de signer un contrat au mois de décembre suivant pour intégrer un label au sein de la grande Warner Music.

Au moment de la fuite de « Comportement », la relation avec ses manageurs de l'époque n'est

1. « Comportement », *Journal intime*, 2017.

pas au beau fixe. Des histoires dont on sait peu de choses. Ce qui est sûr, c'est qu'ils sont liés avec le label et que s'en séparer pourrait mettre en péril le précieux contrat qui lui ouvre les portes de son rêve. Le risque est énorme d'autant qu'en parallèle, le son séduit rapidement le public, toutes les radios veulent le jouer et demandent la version officielle.

Aya décide alors d'appliquer sa propre règle : être « dans son comportement », à savoir s'assumer, être bien dans sa peau, déterminée. Seule, elle va discuter avec la maison-mère Warner Music pour trouver un arrangement et changer de label : elle négocie fermement et obtient un accord afin de rejoindre la toute fraîche écurie « Rec. 118 » qui vient de voir le jour. C'est avec eux qu'elle sort « Comportement ». Elle peut ainsi se séparer de ses manageurs et se libérer du contrat qu'elle avait signé. Coup de maître.

Le hit, produit par Dembo Camara et Christopher Ghenda, la propulse sur le devant de la scène nationale… et s'accompagne de son lot de critiques. D'abord à propos de cette nouvelle syntaxe associée au mot « comportement » – il faut dire que personne n'avait encore été « en comportement » –, puis au sujet de son attitude, jugée arrogante, reproche qui la poursuit depuis.

Pour Aya, le procès est injuste. « J'ai souvent l'air hautaine ou sûre de moi, mais je suis juste dans mon coin », explique-t-elle au micro de *Hits français radio* sur Apple Music en novembre 2020. Certes, elle concède des défauts. Dans « Moi », extrait de son premier album, *Journal intime*, elle reconnaît : « Un peu chiante sur les bords / Un peu relou j'suis d'accord ouais / C'est pour ça qu'on m'aime, qu'on cède[1]. » Pour autant, elle revendique en permanence cette volonté de rester loin des autres : « Posée dans ma bulle pépère, c'est moi qu'on vient chercher, fait chier / Solo, pompelup, déter, c'est moi qu'on vient chercher, fait chier[2] », extrait de « Dans ma bulle » sur le deuxième album *Nakamura*.

Ou bien « Tout à l'heure, j'étais de bonne humeur / Et vous avez tout gâché / […] Alors j'm'éloigne de vous / Vous devenez trop toxiques / […] Y a trop de cinéma, j'montre plus mes sentiments […][3] » sur le titre « La machine » du troisième album *AYA* en 2020, l'un de ses morceaux les plus personnels dans lequel elle évoque justement son souhait d'isolement. Et gare à ceux qui viendraient le troubler. Dans « Faya », elle déclare :

1. « Moi », *Journal intime*, 2017.
2. « Dans ma bulle », *Nakamura*, 2018.
3. « La machine », *AYA*, 2020.

« J'me suis vénère, j'leur ai dit la vérité / Faut viser loin, vous êtes pas dans mes projets[1]. »

Pour reprendre le nom d'un album de Rihanna, Aya est « Unapologetic » : elle ne s'excuse pas d'être elle-même et dicte ses propres termes. Comme l'écrit la journaliste et militante féministe et antiraciste Rokhaya Diallo dans *The Guardian* en mars 2024, peut-être que cette attitude dérange « dans un pays où on demande gratitude et humilité aux minorités raciales ».

Peu importent les critiques, La Nakamurance reste « dans son comportement ». Un caractère, d'après elle semblable à celui de ses sœurs et de sa mère, qui l'accompagne depuis son enfance, bien avant le succès, donc. Un mélange paradoxal d'affirmation de soi et de distance vis-à-vis des attaques auxquelles elle ne répond quasiment jamais. Exception qui confirme la règle avec son tweet de mars 2024 en réaction à une banderole raciste déployée par un groupe d'extrême-droite hostile à sa participation à la cérémonie d'ouverture des JO : « […] Je deviens un sujet d'état numéro 1 en débats etc mais je vous dois quoi en vrai ? Kedal. »

1. « Faya », *Nakamura*, 2018.

Elle l'a bien compris : « Tous ceux qui auront ramé, à la fin auront gagné[1]. » Et finalement, depuis cette fuite malheureuse de « Comportement » en 2016, c'est elle qui gagne.

1. « Comportement », *Journal intime*, 2017.

# D

## Djadja

« Djadja » est un accident. Le morceau de tous les records a, plusieurs fois, failli ne jamais voir le jour. D'abord à cause d'une légère flemme, celle du trio de compositeurs Le Side à qui l'on commande une instrumentale. Ils n'ont jamais produit de sons typiques de l'univers Nakamura, naviguant d'habitude plutôt dans la trap et le rap. Mais Aya vient d'enregistrer les paroles de « Djadja » sur une production complètement zouk et le résultat ne lui plaît qu'à moitié. Le trio est donc mis à contribution. À partir des voix a cappella, sur une petite table basse avec une mini-enceinte, ils improvisent à trois le beat, au feeling : l'un apporte des touches de synthé tropicales, des nappes planantes, un autre une rythmique dansante, un troisième des petites notes magiques de guitare. Ils saupoudrent le tout d'effets sonores, comme ce bruit d'impact désormais si reconnaissable qui lance la chanson, une explosion qui semble fracturer les portes d'un nouveau monde. Pour autant, aucun n'a conscience que le morceau a un gros potentiel.

En découvrant le résultat, Aya n'est pas immédiatement emballée. Mais ses copines aiment, le label aussi et elle finit par apprécier. Elle hésite toutefois à sortir le titre : elle redoute la vulgarité de cette histoire vraie d'amitié déçue avec un « Djadja », un menteur (d'après une expression malienne en bambara) qui raconte partout qu'il a couché avec elle et qu'en « catchana » – en levrette –, il « dead ça » – qu'il est performant. En 2018, l'image de la jeune femme est plutôt lisse et douce, elle craint donc le regard du public comme celui de sa famille, et estime que ce n'est pas la chanson qui la représente le mieux. Là encore, l'entourage arrive à la convaincre.

« Djadja » sort officiellement le 6 avril 2018 et c'est le début d'un raz-de-marée. En quelques mois, il devient single de diamant en France (plus de 50 millions d'écoutes) et dépasse les frontières. Il se classe numéro un des charts aux Pays-Bas pendant plusieurs semaines, une première depuis Édith Piaf hissée au sommet en 1961 avec « Non, je ne regrette rien ». Rihanna ou Madonna se filment sur les réseaux en train de danser dessus et des remix voient le jour un peu partout avec des artistes européens et même avec la mégastar colombienne du reggaeton, Maluma. Il fait rayonner « Djadja » de l'Équateur à la Bolivie en passant par l'Argentine ou le Guatemala.

À l'automne 2024, le clip comptabilise près d'un milliard de vues sur YouTube. À titre de comparaison, c'est plus que « Drunk in love » de Beyoncé et Jay-Z (2013), et presque autant que « Humble » du rappeur américain Kendrick Lamar (2017). Pourtant, comme le disent les membres du Side : « On n'avait vraiment pas pour projet de faire un tube. » Très bel accident…

# E

## Égérie

Aya et la mode, ce sont d'abord plusieurs rendez-vous manqués. Elle fait faux bond la première : elle entame des études de styliste-modéliste à La Courneuve pour apprendre à dessiner des vêtements et à en créer les patrons. Mais elle abandonne rapidement, reconnaissant qu'elle manque de concentration et de patience, nécessaires pour mettre au point des croquis et s'exercer à la couture.

Les rêves de mannequinat prennent le relais. Elle trouve une agence et commence même à défiler. Malheureusement, ce sont cette fois les diktats de la mode qui la rattrapent : ses formes sont un obstacle et on lui demande de mincir, notamment des cuisses. Mais pas question pour elle de devenir « un porte-manteau » et de « maigrir à l'excès ». Elle refuse et renonce à ses espérances.

Elle s'investit alors dans la musique et rencontre le succès qu'on lui connaît. Provocatrice, elle chante un revanchard « Taille mannequin, mannequin, sans forcer[1] » au refrain de son tube « Dégaine » en featuring avec le rappeur belge Damso en 2022 – comble de l'ironie, le clip a été tourné quelques semaines seulement après son deuxième accouchement.

Et sans forcer, sa réussite artistique lui permet d'entrer de nouveau, pour de bon et par la grande porte, dans le monde de la mode qui lui déroule maintenant le tapis rouge.

Elle est la première artiste noire francophone à faire la Une de *Vogue France*, en novembre 2021, sous le titre « Divine diva » – élue couverture de l'année par les Français au prix Relay-Syndicat des éditeurs de la presse magazine. Elle est adoubée par Naomi Campbell, première femme noire en Une de *Vogue* aux États-Unis en 1986.

Aya accède alors au rang d'égérie. En 2022, la maison française de renom Balenciaga lui propose une collaboration composée de tee-shirts et d'un sweat à capuche à son effigie en édition limitée. L'année suivante, l'aura prend une dimension internationale lorsque la marque de cosmétiques de luxe Lancôme la choisit comme ambassadrice

1. « Dégaine », en featuring avec Damso, single non rattaché à un album, 2022.

mondiale. Aux côtés de sept autres icônes, parmi lesquelles les actrices Julia Roberts, Zendaya et Penélope Cruz, elle devient le visage de la campagne publicitaire du parfum « La vie est belle », l'un des plus vendus sur la planète. L'étudiante styliste de La Courneuve rayonne désormais sur des affiches géantes recouvrant les Galeries Lafayette à Paris.

La consécration suprême a lieu le 6 mai 2024, avec l'invitation officielle au Met Gala à New York, l'événement le plus prestigieux et le plus sélectif de la sphère fashion. Chaque année, seules quelques centaines de personnalités du cinéma, de la musique et de la mode, ont le privilège d'y être conviées sur validation d'Anna Wintour, la très influente rédactrice en chef de *Vogue*. Pour l'édition 2024, trois Françaises intègrent le casting, la vidéaste et influenceuse Lena Mahfouf – « Lena Situations » –, l'actrice Isabelle Huppert et Aya, succédant à Marion Cotillard et Carla Bruni. Participer au Met Gala revient à figurer sur la liste des stars les plus en vue du moment et briller devant les flashs du monde entier avec les créations des plus illustres couturiers. C'est la maison Balmain, en la personne de son directeur artistique français Olivier Rousteing, qui a confectionné la tenue d'Aya : une robe décolletée, fendue et scintillante avec sequins argentés et colorés formant une flore romantique. Il paraît loin le temps où les cuisses de la jeune femme étaient un problème pour défiler. « Par mes formes, toi, t'es envoûté / Taille mannequin, mannequin, sans forcer / T'as kiffé la dégaine, kiffé la dégaine[1] » !

1. *Ibid.*

# F

## Féministe ?

La musique d'Aya Nakamura prend régulièrement des tonalités féministes. Lorsqu'elle évoque son indépendance et sa puissance financière dans « Biff », extrait de son troisième album : « J'fais mon biff et j'me débrouille toute seule / Ce que j'ai, je l'ai gagné toute seule[1]. » Lorsqu'elle met en avant la considération qu'elle exige dans « Haut niveau » sur *DNK* en 2023 : « J'suis quelqu'un qui mérite un peu qu'on lui donne du sien / Qui mérite en vrai que du cent pour cent[2]. » Ou même quand elle clame tel un slogan sur « Jolie nana » produit par Julio Masidi en 2020 : « Mais qui va se négliger ? Eh, eh / J'vais pas me négliger[3]. » Sans compter la répétition fréquente au fil de sa discographie de l'expression « avoir le mental », synonyme de détermination et d'« empouvoirement ».

1. « Biff », *AYA*, 2020.
2. « Haut niveau », *DNK*, 2023.
3. « Jolie nana », *AYA*, 2020.

Aya se met en scène comme une femme forte qui sait ce qu'elle veut et qui ne se laisse pas dominer.

Malheureusement, elle n'a pas été épargnée par les coups et les violences conjugales. En 2019, elle poste sur ses réseaux une photo d'elle tuméfiée, pour montrer que cela peut lui arriver à elle aussi. La résonance médiatique est colossale, elle supprime le post. « J'ai eu honte, admet-elle à France Inter quelques mois plus tard, mais c'est un peu lâche de ma part de ne pas avoir raconté ce qui s'était passé. Si ça arrivait à une de mes sœurs, je serais révoltée. Aujourd'hui, je porterais plainte, j'essayerais de faire passer un message. »

Ce message, elle le livre dans un morceau, « Idiot », extrait de la réédition de son deuxième album *Nakamura* en 2019. Sur des sonorités paradoxalement joyeuses et ensoleillées, agrémentées d'une guitare aux accents de bachata dominicaine, Aya entonne des paroles sans équivoque : « Il t'a déjà tapée devant ton bébé / C'est l'père de tes enfants mais c'est die, die / Tu n'avais plus le choix, t'as dit bye bye[1] », avant de conclure au refrain par un précieux conseil : « Il ne te mérite pas, tu dois l'oublier / Il t'a fait du sale, il a tout bousillé / Même si c'est dur, tu dois l'ignorer[2]. »

---

1. « Idiot », *Nakamura (Deluxe Edition)*, 2019.
2. *Ibid.*

Pourtant, si certaines de ses chansons sont devenues des hymnes de manifestations féministes, Aya refuse malgré tout d'endosser un rôle de militante de la cause. En 2020 au magazine LGBT+ *Têtu*, elle concède : « Être une femme et accepter ses défauts, accepter de croire en sa propre vision des choses, la défendre et se faire une place dans la société, c'est déjà être féministe. » Toutefois, elle reste mal à l'aise quand les médias tentent de l'interroger sur le sujet. À plusieurs reprises, elle explique qu'elle ne souhaite pas qu'on lui assigne un engagement. Devant les caméras de *Clique* sur Canal + en 2020, elle pose le cadre : « Moi je fais de la musique, laissez-moi kiffer, laissez-moi choisir mes combats. Quand j'aurai le temps, je le ferai, et pas juste pour vous prouver que je suis une bonne personne. »

# G

## Griotte

Le gène du chant est inscrit dans l'ADN d'Aya. Et ce n'est pas une métaphore : elle en a hérité, au sens propre, par les liens du sang. Sa mère appartient en effet à la caste des griots, ces conteurs, « ces artisans de la parole » qui transmettent en musique l'histoire et les valeurs des peuples d'Afrique de l'Ouest. En mêlant épopées mythologiques et récits authentiques, ils retracent le passé, jouent un rôle de généalogistes, animent également les rites de passage, et peuvent servir de conseillers voire de médiateurs en cas de conflit. À la fois art traditionnel et fonction sociale, ce statut se transmet de génération en génération. On naît griot, on ne le devient pas. Aya s'intègre donc dans cette lignée de poètes détenteurs de la mémoire orale de la communauté. Le maniement des mots, le pouvoir de se faire respecter et écouter, la capacité à mettre en scène des épisodes de la vie quotidienne, ou encore à improviser des refrains accrocheurs, tout cela fait partie du bagage que les griots reçoivent de leur famille.

Toute son enfance, Aya voit sa mère œuvrer dans les mariages, les anniversaires, raconter les événements marquants du passé de telle ou telle famille, lancer des louanges aux personnes célébrées. Elle observe avec passion, écoute les changements de tons, de volume, prête attention à sa manière d'utiliser la voix. Elle développe ainsi une très bonne mémoire auditive et s'applique à imiter le talent maternel qui la fascine.

En parallèle, la radio et la télévision stimulent ses envies. Comme n'importe quelle petite fille, elle s'entraîne devant les clips avec une brosse à cheveux en guise de micro. Mais à l'école à Aulnay-sous-Bois, la maîtresse ne cesse de lui répéter que chanteuse n'est pas un métier. Et sa mère, vendeuse de profession, partage cet avis. Sans prendre le moindre cours de chant, Aya réussit pourtant quelques années plus tard à faire de ses rêves une réalité[1]. Aujourd'hui, sa maman demande même un featuring ! La star n'exclut pas un morceau réunissant trois générations : elle, sa mère et sa fille. Le chant est dans le sang après tout…

1. Cf. l'article « Karma », p. 83.

# H

## Hypersensible

« Tout est trop chez moi : trop sensible, trop drama, trop énervée, trop flambeuse, trop *je-m'en-foutiste.* » Si vous imaginiez sa majesté Nakamura en femme froide au cœur de glace, vous faites erreur. De son propre aveu, elle se révèle hypersensible, en proie à des émotions fortes. « J'passe du rire aux larmes, j'suis dans l'excès / Les émotions divaguent sans faire exprès[1] » confesse-t-elle dès 2017 sur le titre « Problèmes ».

Cette hypersensibilité est à l'origine de ce qu'elle considère comme son principal trait de caractère et son plus grand défaut également : l'impulsivité. Aya assume d'être sans filtre et d'agir pleinement à l'intuition. « Je ne suis pas une fille qui calcule. Les gens qui réfléchissent trop, c'est ma phobie » (*Booska-P*, 2022). Au risque d'ailleurs de froisser les codes policés du star-system, notamment via ses

1. « Problèmes », *Journal intime*, 2017.

prises de parole spontanées sur les réseaux sociaux. Les légendes de ses photos Instagram sont parfois trop osées, avant d'être corrigées, et ses tweets tranchent régulièrement avec le ton aseptisé d'autres célébrités. On lui reproche ses colères et ses fautes d'orthographe ; elle prône le naturel.

Pour être en paix avec elle-même, elle cherche à accepter toutes les émotions qui la traversent. D'autant que celles-ci nourrissent son écriture, alimentent son art et semblent être la clé de son succès. Car Aya se livre tout entière dans sa musique, elle ne triche pas et, avec authenticité, nous raconte la vaste panoplie de ce qui la percute, lui fait mal ou l'égaye. Et c'est peut-être une des raisons pour lesquelles elle touche un public si varié : tout le monde peut se reconnaître dans l'éventail de ressentis qu'elle expose sans barrière.

L'hypersensibilité donne naissance dans son univers à des récits pleins de contrastes, voire de contradictions qui résonnent en nous : ainsi en 2023 dans « Daddy » avec le rappeur SDM, l'image qu'elle renvoie au départ est celle d'une femme blessée, résolue à mettre à distance son copain soupçonné d'infidélité : « Tu m'as fait du mal / Il fallait juste te rattraper / Mais le temps est écoulé[1]. » Avant

1. « Daddy », en featuring avec SDM, *DNK*, 2023.

d'apparaître au contraire dans la deuxième partie comme une ex fébrile capable de succomber à nouveau : « Quand tu fais ça j'oublie vite les conseils de mes copines / Tu me rends fragile[1]. »

Qu'elle parle de séduction, de rupture, de tensions, d'amour ou de haine, Aya ouvre grand la porte d'un cœur qui vibre intensément et dans toutes les directions. Ses aventures émotionnelles font forcément écho à la sensibilité de chacun et à nos propres faiblesses face à nos sentiments. Hypersensible et universelle.

1. *Ibid.*

# I

## Internationale

« Où que j'aille sur la planète, tout le monde connaît "Djadja". Aya a fait parler le français à des gens qui ne le parlaient pas, c'est la Reine de France. » Les mots de la star du rap britannique Stefflon Don dans une interview à Konbini à l'été 2024 ne sont qu'une validation de plus. Après Madonna et ses filles utilisant le morceau comme bande-son de leurs vœux pour l'année 2020 sur les réseaux ; après Rihanna aperçue en train de danser dessus lors d'une soirée de sa marque de cosmétiques ; après une multitude de remix aux quatre coins du globe, dont celui de l'étoile colombienne du reggaeton Maluma ; après des records de ventes hors de France ; après l'invitation d'Alicia Keys, la princesse du R'n'B qui a bercé sa jeunesse, à son concert à Bercy pour un duo inédit en 2022…

La Nakamurance a pris une dimension internationale : depuis plusieurs années, elle est l'artiste féminine francophone la plus écoutée au monde sur les plateformes de streaming. Elle partage le podium avec Indila, portée par le succès phénoménal de son tube « Dernière danse » en 2014 – et Yseult, présente sur le carton « Alibi » en 2024, une collaboration avec la chanteuse néerlando-iranienne Sevdaliza et le chanteur et drag-queen brésilien Pabllo Vittar.

Ce rayonnement ne tient pas qu'à « Djadja ». « Copines », autre extrait du deuxième album, traverse également les frontières puisque 87 % de ses streams en 2023, plus de quatre ans après sa sortie, proviennent de l'étranger. Mi-2024, c'est son featuring avec la chanteuse nigériane Ayra Starr, « Hypé », qui intègre le top 20 des titres français les plus écoutés hors de l'Hexagone.

Dès 2019, alors même que nos médias nationaux lui tournent encore le dos ou pire, la prennent de haut, Aya est adoubée par le célèbre *New York Times* qui la mentionne parmi les quinze musiciens européens à suivre absolument. Le journal explique que l'artiste se bat pour exister dans une France peu habituée à voir une femme à la peau noir foncé imposer son style sans compromis. L'année suivante, l'iconique festival de Coachella en Californie, point de ralliement de la crème des stars mondiales et des personnalités les plus influentes, la met à l'affiche au milieu de Travis Scott, Lana Del Rey ou

Frank Ocean. Événement finalement annulé à cause du covid.

Malgré tout, la reconnaissance en dehors du territoire français n'a jamais été préméditée, ni même vraiment recherchée par l'artiste d'Aulnay-sous-Bois : elle se refuse à collaborer avec des célébrités en vue d'une quelconque visibilité. Peur de ne pas assumer, de ne pas être fière d'un featuring dicté par de mauvaises raisons. Et ses choix confirment jusqu'à présent cette exigence artistique : au lieu d'une pointure du rap US, elle invite par exemple la Britannique Ms Banks sur « Mon Lossa »[1], une artiste en pleine éclosion, alors peu connue et qui se produisait en France devant moins de cinq cents personnes quand Aya remplissait déjà une tournée de Zéniths.

La quête de noms prestigieux du marché américain n'est pas dans sa ligne de mire, à une exception près : elle avoue avoir demandé un duo à Rihanna il y a quelques années, duo qui n'avait pas pu voir le jour, l'artiste originaire de La Barbade étant tombée enceinte avant de mettre sa carrière en pause. Bien sûr, Aya n'exclut pas de se développer à l'international après toutefois quelques étapes : des concerts d'abord, mais surtout de gros progrès en anglais, selon ses dires. *Let's go !*

---

1. Sur *AYA* en 2020.

# J

## Journal intime

On dit souvent qu'un premier album est la somme de toutes les années d'existence et d'aventures de vie qui ont précédé sa conception. C'est d'autant plus vrai pour *Journal intime* qui ouvre la discographie d'Aya le 25 août 2017 : pour le composer, elle est littéralement allée piocher dans son propre journal intime. Un carnet secret auquel, se sentant à part et incomprise, elle a livré ses états d'âme adolescents. Ces confessions ont nourri ses chansons et on retrouve ainsi sur *Journal intime* des extraits du carnet, des textes de différentes périodes, datés parfois de plus de cinq ans, qui nous offrent une plongée dans l'esprit d'une femme en devenir.

C'est le cas de « Debout », écrit quand elle traînait encore sur les bancs du lycée et ne savait pas quoi faire de son avenir. « J'veux être "madame Tout-le-monde" / Travailler comme tout le monde / Debout sans savoir où aller / Debout sans savoir qui je suis[1]. » Elle partage avec nous le témoignage d'une ado perdue qui cherche sa route et ressent la pression d'un futur incertain : « Devenir quelqu'un m'fait un peu peur / Je ne peux plus échouer / J'ai assez joué[2]. »

Elle donne à voir ses angoisses mais aussi ses rêves et sa détermination dans des couplets presque prémonitoires. Exemple avec « Si tu savais », l'une des toutes premières chansons qu'elle ait couchée sur papier, vers quinze ou seize ans : « Vilain canard devient chic [...] On m'a dénigrée, quand j'ai voulu évoluer / [...] On m'a appris à dominer[3]. » *Journal intime* est la matrice de tout l'univers Nakamura. On y distingue déjà ses luttes contre les critiques. Dans « Moi » elle affirme : « Trop déterminée yeah / N'essayez pas de me changer[4]. » On découvre également les thèmes essentiels qui parsèment sa discographie : la séduction, les déceptions sentimentales et les trahisons.

Musicalement, même si les instrumentales paraissent moins riches que celles qui suivront et l'art de la mélodie, moins aiguisé – malgré une certaine efficacité –, on retrouve la même synthèse

1. « Debout », *Journal intime*, 2017.
2. *Ibid.*
3. « Si tu savais », *Journal intime*, 2017.
4. « Moi », *Journal intime*, 2017.

de zouk et de sonorités afro qui sera l'ADN de ses futurs projets. Avec peut-être sur cet opus une couleur R'n'B plus marquée. Qu'il s'agisse des rythmiques, des intonations de voix ou des flows, cette inspiration R'n'B se révèle sur des morceaux comme « Brisé » ou « Je n'ai pas besoin de toi » (seul texte dont elle n'est pas l'auteure, il est l'œuvre du rappeur Barack Adama, membre du collectif Sexion d'Assaut), « Super héros » avec Gradur ou encore « Oublier ». Titre sur lequel elle répète d'ailleurs : « Jeune Africaine essaie seulement de s'en tirer[1] »...

Mission réussie avec ce *Journal intime* qui entre sixième au top albums lors de sa première semaine d'exploitation, porté notamment par le carton de « Comportement ». Le score est honorable et permet à Aya de continuer à cultiver ses espoirs de couronnement. L'album est aujourd'hui disque de platine.

1. « Oublier », *Journal intime*, 2017.

# K

## Karma

« Karma » a bouleversé la destinée d'Aya Danioko. Nous sommes en 2014, elle a dix-neuf ans et a mis fin à ses études de styliste-modéliste trois mois plus tôt. Un peu par hasard, elle sort de l'anonymat.

Elle rejoue la scène pour le magazine *Vanity Fair* en 2021 : alors qu'elle fait le ménage dans la cuisine familiale avec une amie, elle annonce avoir écrit un morceau.

« Vas-y, chante, défie la copine avant de dégainer son téléphone. On fait une vidéo pour Facebook !

— Mais t'es sérieuse là ? Je suis en mode ménagère !

— Allez, assieds-toi sur le frigo de la cuisine et tu chantes. »

« Ta douce odeur Chanel / Me fait vibrer comme si c'était la première fois / Engloutie dans tes bras / Pour un seul baiser de ta part[1]. » A cap-

1. « Karma », *Journal intime*, 2017.

pella, la jeune Aya interprète sa chanson originelle, « Karma ». La copine filme et poste la vidéo. Les vues grimpent immédiatement, les commentaires négatifs pleuvent, probablement laissés par des connaissances jalouses. Pourtant, rien n'éteint la flamme qui vient de naître en elle. Elle continue de chanter, partout, tout le temps, au point de saouler son entourage qui lui conseille d'aller dans un studio. Via des amis, elle trouve un plan au beau milieu de la Seine-et-Marne, un petit périple depuis le 93 où elle réside. Mais l'enjeu en vaut la peine.

En studio, une étincelle magique se produit : elle s'entend pour la première fois et prend conscience de sa voix comme du pouvoir qui va avec. La vocation est définitivement lancée. Le morceau « Karma » sera retravaillé pour apparaître sur son album *Journal intime* trois ans plus tard, avec des paroles légèrement modifiées par endroits et une instrumentale enrichie, au rythme zouk. La version initiale, qui laisse entendre une voix beaucoup plus jeune et timide, est encore trouvable sur Internet…

Quelques mois après « Karma », Aya propose au public son premier clip pour un autre titre, « J'ai mal », une ballade sentimentale portée par les sonorités chaloupées du compas haïtien. La vidéo artisanale, tournée à Montpellier, dépasse rapidement le million de vues sur YouTube début

2015. Le projet Aya Nakamura se structure, un entourage professionnel se met en place. Et à l'été, la machine change de dimension, d'abord avec « Brisé » et son clip plus léché qui rencontre un bel écho mais surtout avec « Love d'un voyou » en compagnie de Fababy (rappeur proche de La Fouine à cette période). Fababy a déjà composé la chanson, il cherche la voix féminine et pense à Aya qu'il connaît d'amis communs.

Pour elle qui tente d'intégrer le milieu de la musique depuis quelques mois, c'est une belle opportunité. Qu'elle saisit. Et heureusement, car le clip de « Love d'un voyou » réalise plus de 5 millions de vues en trois semaines sur YouTube à la rentrée 2015, offre à Aya des passages en radio et en télévision et lui ouvre les portes de sa signature en maison de disques.

# L

## Love

« Les hommes, je les aime trop mais ils ne sont pas parfaits. Donc mes relations avec eux sont ma principale source d'inspiration[1]. » Qu'Aya soit « enlovée » ou « désenlovée » (deux néologismes auxquels elle a donné naissance pour exprimer le fait d'être éprise ou non), l'amour est le thème essentiel de sa discographie. Son exploration sentimentale est pleine de contrastes : tour à tour mélancolique, combative et sensuelle voire sexuelle.

Si tous ces états cohabitent au fil des projets, se dégage malgré tout de chaque album une tonalité unique, qui illustre une étape précise de sa vie amoureuse. Dans *Nakamura*, elle apparaît en femme courtisée qui dispose de ses prétendants et rejette ceux qu'elle n'estime pas à la hauteur. Le montant de « La dot » est élevé

1. *Le Code*, Apple Music, 2023

pour celle qui pourrait affirmer être « la plus bonne de [ses] copines[1] ». Et si le projet part en « Sucette », elle n'a aucun mal à se protéger « dans sa bulle », en verrouillant les portes de son cœur à double tour : « Mais quelle audace / Tu ne m'auras plus jamais / J'ai dit plus jamais[2] », promet-elle sur « Gangster ». Le tout sans aucun regret comme en témoigne le refrain malicieux de « Ça fait mal », dans lequel elle assume pleinement « whiner » (danser sensuellement) et « smiler » devant celui qu'elle a quitté. Qu'il soit jaloux et qu'il ait mal, ce n'est plus son problème[3].

Par la suite avec *AYA*, elle fuit les sentiments déçus, même si « Ça blesse » : « T'es trop vicieux / T'es comme ça, s'en aller, c'est mieux / Alors je pars / C'est trop pour moi, j'me taille[4]. » Elle clame son envie de couple en recherchant un « joli djo[5] », puis savoure son bonheur d'être à deux, qu'il s'agisse de faire le tour du monde sur « Nirvana » ou d'expérimenter dans l'intimité toutes les positions

1. « Copines », *Nakamura*, 2018.
2. « Gangster », *Nakamura*, 2018.
3. « Ça fait mal », *Nakamura*, 2018.
4. « Ça blesse », *AYA*, 2020.
5. « Jolie nana », *AYA*, 2020.

« qui donnent chaud[1] » sur « Hot », ou même sur « Préféré » avec le rappeur OBOY. Elle fait fondre, elle fond, tout devient « flou » à plusieurs reprises, c'est l'heure des « Sentiments grandissants ». Toujours avec un sens aigu de sa valeur : « Elles ne sont pas moi, tu peux chercher / Dans tous les coins du monde, tu peux chercher / Ton orgueil, il faut ranger / T'as beau tout faire mais j't'ai eu, mais j't'ai eu[2]. »

Sur *DNK* enfin, place à un nouveau chapitre, l'amour a laissé un goût amer. « Ton amour, j'le ressens plus / J'pensais que toi, t'étais loyal / Sale habitude, moi j'finis déçue[3]. » La jeune femme refuse tout « come back » : « J'suis comme un bijou, il fallait t'appliquer / [...] C'est plus ton problème, j't'ai dit / J'ai tout zappé, zappé d'nous bah oui[4]. » Elle est en quête de pansements – le mot s'entend d'ailleurs sur deux morceaux, « Tous les jours » et « Corazon » – pour oublier ses histoires passées. Toujours sans perdre de vue qu'elle est le « Haut niveau », elle tente de croiser la route de quelqu'un avec qui ça pourrait « Coller », et

1. « Hot », *AYA*, 2020.
2. « Love de moi », *AYA*, 2020.
3. « J'ai mal », *DNK*, 2023.
4. « Come back », *DNK (Bonus Track Edition)*, 2023.

ainsi retrouver « Le goût » des « câlins partout, partout[1] ».

Qui dit câlins dit intimité, et il est en effet impossible de parler d'amour dans le monde Nakamura sans évoquer la part laissée au sexe qui affleure dans plusieurs de ses chansons. Dès la première de sa carrière, « Karma », dévoilée sur Facebook en 2014, le mot « libido » est prononcé. Son plus gros tube, « Djadja », évoque une position sexuelle, le fameux terme « Catchana » qui a mis en émoi toute la France. Aya assume sans gêne aimer parler de sexe : « C'est 80 % d'une relation », confesse-t-elle au micro de *Clique* sur Canal + fin 2020. Pourtant, les paroles sont rarement explicites, ni même vulgaires. Sur « Préféré », alors même que son invité OBOY opte pour un langage cru, elle se contente de ces mots : « Fais-moi bisous par-ci par-là / Ce qu'il faut / Toi seul connais le secret[2]. » Sur « Le goût », elle s'amuse subtilement : « Bébé en chaleur / […] Moi je sais à quoi tu veux jouer / Que j'devienne ta poupée[3]. »

1. « Baby », *DNK*, 2023.
2. « Préféré », en featuring avec OBOY, *AYA*, 2020.
3. « Le goût », *DNK*, 2023.

Le refrain est un peu plus coquin sur « Whine up » lorsqu'elle promet la « fiesta » : « Ça va whine up, whine up sale / En doggy, doggy style[1]. » On flirte avec les limites mais le langage reste sage. Peut-être n'est-elle encore qu'à « 40 % » ?

1. « Whine up », *Nakamura*, 2018.

# M

## MATERNITÉ

« On m'a dit que si je voulais être chanteuse, il fallait que j'avorte. » Aya tombe enceinte pile au moment où elle touche du doigt son rêve de carrière dans la musique. À la rentrée 2015, son duo « Love d'un voyou » avec Fababy cartonne et plusieurs maisons de disques la courtisent. Ses manageurs, son entourage la pressent à faire un choix : ils estiment que l'engouement naissant autour d'elle peut retomber très vite et qu'il serait stupide de gâcher la chance pour laquelle elle se bat depuis un moment. Selon eux, le timing pour s'éloigner de la scène quelques mois n'est absolument pas le bon.

La jeune artiste entend néanmoins les choses autrement : elle cache sa grossesse à son futur label et signe son contrat en décembre 2015. Elle reste dans son coin, se fait discrète mais prend malgré tout le risque de tourner le clip de sa collaboration « Sorry » avec l'artiste du label Wati B, Abou

Debeing. Amusant de constater que la caméra y évite soigneusement tout plan sur son ventre de femme enceinte de six mois.

Le secret est finalement dévoilé quelques semaines après à ses équipes de Warner Music qui souhaitent réaliser le clip d'un prochain single, « Oublier » – dont les paroles commencent ironiquement par : « Il est toujours difficile de faire confiance[1] »... La nouvelle fait paniquer tout le monde, mais pour Aya, pas question d'en faire un obstacle : c'est l'hiver, un gros manteau fera l'affaire pour masquer son ventre dans la vidéo. Et le subterfuge fonctionne, puisque lorsque le clip sort en février 2016, personne ne se rend compte de rien. Deux mois plus tard, elle donne naissance à sa première fille et un mois après son accouchement, elle est déjà de retour devant les objectifs pour le clip de « Super héros » avec Gradur. Aya réalise ce qui semblait au départ impossible aux yeux de tous, mener de front son début de carrière et sa maternité.

Cet équilibre, elle n'a cessé de le cultiver. À l'image de ce 7 juillet 2022, lorsque la star américaine du R'n'B Alicia Keys lui propose de monter sur scène à ses côtés lors de son concert à Bercy le

---

1. « Oublier », *Journal intime*, 2017.

soir même. La chanteuse française accepte mais décline les répétitions de l'après-midi. Elle confie à *M, le magazine du Monde* en janvier 2023, qu'elle avait promis de se rendre au spectacle de fin d'année de sa fille aînée… Maman et chanteuse, les deux à la fois.

## Misogynoir

Non pas une, ni deux, mais trois discriminations : Aya Nakamura est une cible à l'intersection de la misogynie, du racisme et du colorisme (différenciation selon la teinte de la peau). En tant que femme, noire, à la peau foncée, elle est régulièrement victime de ce qu'on appelle la « misogynoir ». Ce concept a été créé aux États-Unis il y a une quinzaine d'années par une universitaire afroféministe, Moya Bailey, qui s'intéressait aux représentations des femmes dans l'industrie du hip-hop et à leur perception par le grand public.

La misogynoir envers Aya se manifeste de différentes manières. D'abord par des moqueries physiques, le plus souvent lors de vagues de cyberharcèlement à la suite de la publication d'une photo. « Je mets des faux ongles, des faux cils, des mèches, des perruques de toutes les couleurs, je m'aime et je m'assume totalement », affirme-t-elle au magazine *Cosmopolitan* en 2019. La France n'est visiblement pas habituée à ce genre d'image, celle d'une chanteuse noire qui endosse tout le style d'apparat de la culture des afro-descendantes. Certains la jugent trop maquillée, pas naturelle, on compare ses traits à ceux d'un homme… Sa féminité lui est soit déniée, soit reprochée comme étant caricaturale.

Ce mépris, ce sont ensuite les médias qui l'ont beaucoup entretenu. Pour Marie-France Malonga, sociologue spécialiste de la représentation sociale et médiatique des minorités, la dynamique coloriste en est à l'origine, comme elle l'a expliqué au magazine *Madmoizelle* en mars 2024 : « Le colorisme est une forme de racisme où la couleur de peau joue un rôle de marqueur social. Plus on est foncée, moins on est perçue comme belle, méritante, noble. » Une logique héritée de l'esclavage, lorsque la supériorité de la peau blanche était la norme et que les peaux foncées étaient associées au fait de travailler longtemps dehors aux tâches les plus pénibles. La hiérarchie n'a jamais véritablement disparu, au point qu'aujourd'hui encore, la clarté de la peau reste un critère de beauté et d'acceptabilité. En 1990, deux sociologues américains[1] ont

1. Michael Hughes et Bradley R. Hertel. Université de Virginie.

montré qu'une famille d'Afro-Américains à peau claire disposait d'un revenu moyen 30 % supérieur à celui d'une famille à la peau foncée. Dans le show-business, nombreuses sont les personnalités ayant admis s'être éclairci la peau pour décrocher des contrats. Aya a connu cette pression : dans une interview au magazine new-yorkais *The Fader* en 2018, elle a révélé qu'un chef de projet en maison de disques lui avait demandé de se blanchir la peau au début de sa carrière, pour toucher un public plus large.

Karima Ramdani, docteure en sciences politiques qui a étudié les carrières des artistes françaises dans le hip-hop et le R'n'B, appuie le constat auprès de *Madmoizelle* : « Aya Nakamura a fait irruption sur un espace médiatique et culturel qui a tendance à rejeter les femmes à la peau foncée. Elle s'est érigée de façon quasi autonome, en grande partie grâce aux réseaux sociaux où elle a construit les bases de son succès, sans dépendre des médias traditionnels qui lui courent désormais après, car ils réalisent combien ils sont à la traîne. » Il aura effectivement fallu attendre la validation de la presse internationale[1] et des chiffres de ventes année après année pour que les médias hexagonaux, longtemps

1. Cf. l'article « Internationale », p. 71.

imprégnés de stéréotypes à son égard, sortent d'une forme de snobisme et d'incompréhension vis-à-vis de cette femme forte qui refuse de leur faire la révérence.

C'est là une dernière forme de misogynoir qu'Aya doit affronter, celle des clichés dans lesquels journalistes et public ont tenté de l'enfermer. En prenant appui sur les trois représentations de la femme noire qui façonnent encore l'inconscient collectif : la « Black angry woman » (autrement dit la « mama fâchée »), la tigresse battante, et la femme sauvage au désir débridé. Aya est donc tour à tour affublée du statut de diva capricieuse et hystérique lorsqu'elle a le malheur d'annuler une participation à une émission de télévision ; c'est une valeureuse survivante des cités quand on veut l'ériger en modèle de méritocratie, ce qu'elle-même ne revendique pas[1] ; et enfin elle se voit assimilée à une bête de sexe à la libido débordante quand elle se permet de chanter « catchana » dans un morceau, une réalité qui ne se retrouve pas toujours dans ses textes[2].

Aya Nakamura n'est à la fois rien de tout ça et tout ça à la fois. C'est une individualité faite de

1. Cf. l'article « Aulnay-sous-Bois », p. 20.
2. Cf. l'article « Love », p. 89.

nuances, aux humeurs variables, et irréductible à une simple case. « En se présentant dans sa musique et ses apparitions publiques comme maîtresse de sa vie, de son esthétisation, dans le contrôle de son hypersexualisation, elle renverse la donne », estime Marie-France Malonga, toujours à *Madmoizelle*. Aya bouleverse les stéréotypes archaïques associés aux femmes noires qui perdurent dans les mentalités. Raison pour laquelle son existence même cristallise autant les tensions au sein de la société française : son comportement et son image viennent heurter des préjugés solidement ancrés dans les esprits d'une partie de la population. Et tout le monde ne semble pas disposé à la déconstruction. « Même dans sa façon d'occuper l'espace, elle impose une posture de femme puissante, la tête haute », poursuit la sociologue. « Elle tord le cou aux idées reçues selon lesquelles une femme noire ne peut être vendeuse, inspirante, fédératrice. »

Aya est en train de créer un modèle, un modèle de liberté offrant le choix d'être qui l'on souhaite dans toute sa complexité et sa richesse : elle peut être successivement vulnérable et puissante, indépendante et fusionnelle, douce et volcanique, battante et *je-m'en-foutiste*, très apprêtée et naturelle, sexy et diva… En laissant libre cours à son identité aux multiples facettes, elle montre qu'elle déborde largement des codes. Et, si en retour, elle paye malheureusement le prix fort de la misogynoir, Aya ouvre les portes de la confiance en soi à des millions de jeunes l'observant s'affranchir des étiquettes trop étroites qui lui étaient assignées.

# N

## Naija Music

Impossible d'explorer l'univers sonore d'Aya Nakamura sans évoquer l'un des principaux courants qui le nourrit : la Naija Music. Certains parlent d'afrobeats, d'autres d'afro-pop ou d'afro-fusion… Les dénominations fleurissent pour un genre qui se caractérise par des frontières élastiques et une créativité sans limites. Il trouve sa source au sein de l'État le plus peuplé du continent africain, le Nigeria, avec ses 230 millions d'habitants en 2024, dont les ¾ ont moins de 30 ans. La jeunesse du pays bouillonne artistiquement et ses productions sont en train de prendre d'assaut l'industrie musicale internationale.

La recette de la Naija Music a de quoi séduire : elle puise dans les cultures rythmiques et vocales des mille ethnies de la région, s'approprie le coupé-décalé ivoirien et la rumba congolaise moderne, auxquels sont mixés du ragga, du dancehall, tout en empruntant des sonorités au hip-hop et au R'n'B américains. En ressort une sauce addictive au goût d'Afrique de l'Ouest et d'Amérique, chanté en Pidgin English, un anglais ponctué de mots tirés des langues locales.

L'engouement est vertigineux : entre 2017 et 2022, la diffusion mondiale de la Naija Music a bondi de plus de 500 % sur Spotify. D'après le site d'informations économiques *Business Insider*, aujourd'hui près de la moitié de la musique diffusée sur la plateforme de streaming à l'échelle de la planète est composée d'afrobeats.

Les hits d'Aya ne font pas exception : la chanteuse reconnaît en être une fervente auditrice depuis des années. Les collaborations avec des artistes nigérians n'ont d'ailleurs pas manqué : dès son deuxième album *Nakamura*, elle réalise la prouesse d'accueillir l'une des trois plus grosses stars du genre, Davido, sur le morceau « Gang ». La même année, en 2018, c'est une autre pointure du trio, Burna Boy, qui salue chaleureusement son projet. Pour le troisième opus *AYA* en 2020, elle invite Ms Banks, une artiste britannique d'origine nigériane pour un « Mon lossa » à la saveur typiquement afrobeats. Plus récemment, début 2024, c'est la nouvelle sensation Ayra Starr qui la rejoint sur son morceau « Hypé ».

À toutes ces mélodies Naija, Aya réussit la performance d'y accorder le français, modelé et enrichi à sa façon, et d'abolir les barrières culturelles et linguistiques en offrant une nouvelle musicalité à la langue de Molière. Fusion imparable.

## Nakamura

Quel est le point commun entre Aya et le personnage auquel elle a emprunté son pseudonyme, Hiro Nakamura, l'un des protagonistes du feuilleton télévisé *Heroes*, diffusé à partir de 2007 sur TF1 ? Non, elle ne s'écrie pas tout le temps comme lui « *Yatta !* » – « Je l'ai fait ! » ou « j'ai réussi ! » en japonais – même si elle le pourrait au vu de ses accomplissements. Non, elle ne possède pas non plus le don de contrôler le temps et de se téléporter, malgré la vitesse à laquelle se répand sa musique.

Ce qui relie le réel à la fiction, Aya à Hiro, semble d'un autre ordre. Dans la série, Hiro fait partie d'un petit groupe d'individus capables de développer l'intégralité des capacités du cerveau, quand le reste de l'humanité n'en utiliserait que dix pour cent. Ce qui leur offre ainsi des pouvoirs surnaturels : l'un peint le futur, l'autre vole, Hiro, lui, courbe l'espace-temps. Mais cette faculté est avant tout un moyen de réaliser son rêve, à savoir faire de grandes choses, ne pas rester quelqu'un d'insignifiant qui travaille dans un bureau entouré de personnes auxquelles il ne parvient pas à s'identifier. S'il a tout l'air d'être un employé comme les autres, il est intimement convaincu d'être différent.

L'intuition est sensiblement identique chez Aya, elle qui s'est sentie à part toute sa jeunesse ; elle qui consignait ses craintes à l'idée d'un avenir ordinaire comme ses espoirs de grandeur dans son journal intime[1] ; elle aussi qui a détesté ses quelques jours de travail comme vendeuse en intérim… Peut-être se trouve-t-il là le point commun entre Hiro et Aya ?

Le pseudonyme a en tout cas dépassé la popularité du nom originel. D'autant que « Nakamura » est également le titre donné au deuxième opus d'Aya en 2018, le projet de tous les records, blockbuster de la nouvelle variété. Avec un grain de voix inédit qui n'hésite pas à s'épanouir dans les tonalités graves, des intonations qui mélangent inspirations R'n'B et zouk, un art de la topline parfaitement affûté[2], le tout porté par des productions mêlant afrobeats, sonorités caribéennes et latinas, le cocktail est détonant et apporte un vent de fraîcheur sur la pop française. Résultat : onze des treize titres sont a

1. Cf. l'article « Journal intime », p. 77.
2. Cf. l'article « Topline », p. 149.

minima singles d'or (plus de 15 millions de streams) et l'album est disque de diamant en France (plus de 500 000 exemplaires vendus), faisant d'Aya la première femmc dcpuis Diam's et *Dans ma bulle* en 2006 à décrocher cette certification.

O

## Oumou Sangaré

« Je n'ai jamais vraiment eu de modèle, en dehors de ma mère, mais j'ai grandi en voyant cette femme comme une déesse. » (France Inter, fin 2020). Cette femme, c'est Oumou Sangaré, artiste malienne comme Aya, qui à l'âge de vingt et un ans, en 1989, a connu un succès presque immédiat avec sa première cassette *Moussolou* (« Femmes » en bambara). Un timbre de voix ample et vibrant, des sonorités traditionnelles légèrement modernisées et des récits de vie de femmes qu'elle compose seule, où il est question d'amour, de sensualité, de droits : un raz-de-marée dès la sortie. Pendant que la presse s'acharne à le critiquer, les ventes atteignent des records en Afrique de l'Ouest et dépassent les frontières. Une trajectoire qui devrait à l'évidence vous faire penser à quelqu'un… Oumou devient une star internationale du jour au lendemain. Elle se produit sur les plus grandes scènes du monde qu'elle ne quittera plus. En 2010, elle est nommée aux Grammy Awards dans la catégorie « meilleur album de musique du monde contemporain », puis gagne l'année suivante la « meilleure collaboration pop chantée », dans le cadre d'un projet avec le jazzman américain Herbie Hancock. En 2021, Beyoncé, grande admiratrice, sample son morceau « Diaraby Nene » pour le titre « MOOD 4 EVA » sur la BO du film *Le Roi Lion*.

Si le parcours de cette icône malienne rappelle étonnamment celui d'Aya, la jeune fille d'Aulnay-sous-Bois ne le sait pas encore lorsqu'elle lui rend hommage avec une chanson éponyme sur son premier album. Pourtant, la déclaration d'intention est claire : « Ils m'attendent au tournant pour le succès / Doucement, j'suis pas pressée / Tu voulais la couronne, j'l'ai volée / Désolée j'ai gagné / *Akela akela*[1] / J'suis comme Oumou Sangaré[2]. » Alors en tout début de carrière, Aya prétend déjà au trône et poursuit un rêve de majesté. Elle donne vie à ses espoirs en invitant son modèle dans son clip pour une scène hautement symbolique : Oumou Sangaré lui transmet la couronne et lui ouvre les portes de son destin.

---

1. « Je l'ai fait » en bambara.
2. « Oumou Sangaré », *Journal intime*, 2017.

Mais qu'est-ce qui a tant séduit Aya chez cette artiste d'une autre génération, à l'univers musical a priori très éloigné du sien ? Avant tout sa liberté : dans ses titres, elle milite contre les tabous d'une société conservatrice et dénonce la polygamie, l'excision (ablation du clitoris destinée à diminuer le désir sexuel et préserver la virginité avant les noces), le mariage des enfants, et tout ce qui freine l'émancipation des femmes. Cette indépendance vis-à-vis des carcans moraux, on la retrouve, toutes proportions gardées, chez Aya quand elle se bat pour s'affirmer en dehors des stéréotypes qu'on lui assigne en France[1]. Une bataille qui pourrait évoluer vers des engagements plus précis, en prenant justement exemple sur la star malienne : « J'ai découvert l'excision dans un documentaire à l'adolescence. Oumou en parle dans sa musique, elle est engagée pour aider ces femmes. C'est une cause que je pourrais défendre moi aussi à l'avenir », déclare-t-elle toujours au micro de France Inter.

Au-delà de la dimension artistique et politique, Oumou Sangaré est également une entrepreneuse accomplie. En se faisant une place dans des milieux réservés aux hommes, elle a réussi à investir dans l'hôtellerie à Bamako, dans l'agriculture avec une

1. Cf. l'article « Misogynoir », p. 100.

ferme d'élevage, ou bien dans l'automobile avec une marque de 4×4, « Oum Sang », visant à faciliter l'accès aux véhicules neufs de ce standing en Afrique. Une image de femme d'affaires qui inspire Aya : « Beaucoup de jeunes filles rêvent de faire des enfants et d'avoir une famille. Alors que moi quand j'étais petite, je rêvais d'avoir ma maison. Mes parents ne m'ont pas éduquée en m'expliquant qu'avec de l'argent je pourrais faire beaucoup de choses, que je pourrais faire ce que je veux... Mais ça reste la base, l'argent ça enlève des soucis, ça participe à la puissance d'une femme. »

La puissance, c'est bien ce dont La Nakamurance a hérité de son modèle. De la déesse Oumou à la reine Aya, les paroles prophétiques se sont réalisées, « *Akela, akela !* ». En ne perdant pas de vue le conseil essentiel donné par son aînée : « Toujours rester soi-même. »

# P

## Pookie

« Un son bizarre ». Voilà le premier ressenti d'Aya et ses copines en studio à l'écoute de l'instrumentale de « Pookie ».

La veille en fin de session, ses beatmakers, le trio Le Side et Ever Mihigo, ont effectivement exploré un nouveau terrain de jeu. Il est 21 heures, l'ambiance est à la récréation ; ils traînent en se montrant des effets sur Ableton, un logiciel de composition musicale. L'un fait écouter une voix samplée, un autre des claps, un troisième une caisse claire aux accents dancehall, un dernier une basse d'inspiration jamaïcaine… Les éléments s'ajoutent et se superposent dans un élan créatif improvisé entre les quatre musiciens. La magie opère en s'amusant et en ressort ce beat aux accents dembow, un style de reggaeton venu de Jamaïque.

Pourtant, lorsque la chanteuse le découvre le lendemain, elle n'est pas envoûtée. Sans grande conviction, elle entre en cabine pour poser ses idées à partir de la topline – la ligne vocale mélodique – proposée par Ever Mihigo. Tout prend forme vite mais elle n'envisage à aucun moment de faire figurer ce morceau sur son album. Les sonorités lui semblent trop éloignées du zouk qu'elle apprécie. Son label insiste et, comme pour « Djadja »[1], finit par la convaincre. Le titre sort en 2018 et la suite, on la connaît : deuxième plus gros succès de sa carrière.

À lui seul, « Pookie » en dit beaucoup sur l'univers Nakamura. Tout d'abord parce qu'il fait référence à l'un des thèmes essentiels de ses textes, à savoir la trahison. Une « pookie », de l'argot gitan « poucave », désigne en effet une balance, un intrus. Le son est ainsi une affirmation autoritaire, « gang », « hors game » face à ceux qui trahissent. La porte leur est fermée à double tour. Dans la grammaire relationnelle d'Aya, la trahison côtoie l'amour en permanence. « On m'a déjà beaucoup déçue / Tu vois pas que j'maîtrise le vice[2] ? » Au cours de sa discographie, on constate d'ailleurs que le mot « confiance » revient fréquemment – sur quatre chansons de *Nakamura*, et deux de *DNK*, qui, lui, compte le

1. Cf. l'article « Djadja », p. 43.
2. « VIP », single non rattaché à un album, 2022.

terme « vérité » sur trois morceaux, comme une quête jamais atteinte.

« Pookie » symbolise aussi son ouverture artistique pour proposer des signatures sonores uniques. Et plus encore, la manière avec laquelle elle joue avec le langage pour le faire sonner sur des ambiances inédites en France. Elle casse les codes de la syntaxe (« Ouais je sens t'as l'seum, j'ai la boca[1] », qui signifie « j'ai une grande gueule »), et intègre l'argot et le verlan pour donner naissance à une mélodie accrocheuse : « Tacler pour des pépètes, ça va claquer / Pour des pipelettes, ça va claquer, crac / Pour les bons bails, ça va grave quer-cra[2]. » Elle choisit les mots adéquats pour juxtaposer des syllabes qui puissent résonner avec les percussions de l'instrumentale. En cours de français, on parlerait d'assonances et d'allitérations, puisqu'elle répète les voyelles et les consonnes pour ajouter du rythme. L'enchaînement dégage une énergie à la fois puissante et sexy. Tout au long du morceau, cet effet est porté par des niveaux de langue qui se mélangent, de l'ancien « pipelette » au très moderne « bails » en passant par le familier « pépètes » un peu vieillot, par des onomatopées

1. « Pookie », *Nakamura*, 2018.
2. *Ibid.*

(« crac » ou « Blah blah blah »), des mots à l'envers (« quer-cra »), des expressions à la mode (« t'as l'seum »), le fréquent recours à l'anglais (« le side » ou « j'ai pas l'time »)…

On y retrouve tous les ingrédients de « l'outre-langue » que façonne Aya au sein de sa musique. À l'instar de « Pookie », ses textes se nourrissent de termes en provenance de tous les continents, de l'Amérique bien sûr avec l'anglais et l'espagnol, l'arabe avec « timiniks » pour « faire des chichis » mais aussi d'Afrique de l'Ouest – l'ivoirien « tchouffer » qui signifie « avoir peur », le malien bambara « djadja » pour « menteur », le malien soninké « Igo » pour « mec » – ou des Antilles, comme les mots d'origine créole « boug » et « bails ». Elle va également piocher dans le vieux français en remettant au goût du jour « catin », « foutaises » ou « charabia », qu'elle associe aux tournures très contemporaines du monde des réseaux sociaux comme les raccourcis « Ya R » pour « il n'y a rien », « déter » pour « déterminée » ou « askip » à la place de « à ce qu'il paraît ». Sans oublier les expressions en vogue dans les quartiers, parfois popularisées par le rap, à l'image de « faire la mala » (être dans l'excès, faire la fête), « faire beleck » (faire attention) ou « dead ça » (assurer). La jeune artiste aulnaysienne prône une écriture réaliste et chante comme elle parle au quotidien avec ses copines. Elle synthétise ainsi le patchwork en perpétuel mouvement qu'est et qu'a toujours été la langue française.

Si ses détracteurs y voient des textes bas de gamme, ils oublient que les paroles ont surtout vocation à prendre vie accompagnées de musique, d'intonations et de rythmes. Le talent d'Aya réside précisement dans l'art de réussir cette alchimie grâce à son « outre-langue ». Créer une mélodie entêtante, en français, sur du dembow jamaïcain, et faire danser des millions de personnes d'âges, de cultures et de milieux différents, tout autour de la planète, c'est une prouesse. Et « Pookie » l'illustre avec brio.

# Q

## Queer

Aya Nakamura est devenue une icône queer. Et plus précisément, parmi les minorités sexuelles et de genres, une idole de la communauté homosexuelle. « Il y a plein de mecs qui m'écrivent pour me dire merci, pour m'apporter leur soutien face aux critiques, mais je me suis toujours demandé ce qu'ils percevaient de plus en moi par rapport à d'autres meufs qui font de la musique… » s'interrogeait-elle dans une interview au magazine LGBT+ *Têtu* en 2020. La réponse réside peut-être dans l'affirmation de soi qu'elle revendique en toutes circonstances, dans cette confiance en elle qui lui confère la force de s'assumer avec indépendance. Aya ne s'excuse pas d'exister, c'est au cœur de son « comportement »[1], qui ne peut que trouver écho chez des groupes dont les identités sont moquées, méprisées et stigmatisées.

---

1. Cf. l'article « Comportement », p. 35.

Au-delà de l'attitude, il y a aussi les actes. Deux ont particulièrement retenu l'attention : d'abord son soutien sans faille dans les médias et sur les réseaux sociaux à Bilal Hassani, chanteur pop gay à l'apparence androgyne et aux looks féminins, victime de cyberharcèlement au moment de sa participation à l'Eurovision en 2019 ; mais surtout l'hommage au « voguing », danse emblématique de la culture queer, qu'Aya met à l'honneur dans le clip de « Pookie » en 2019.

Elle braque ainsi la lumière auprès du grand public français sur ce style né dans les années 70 au sein des communautés LGBT+ afro-américaines et latinos de New York, conçu pour transcender les tristesses, les rejets et les drames engendrés par le racisme et l'homophobie. Codifié et théâtral, le voguing se caractérise par la pose-mannequin typique des défilés de mode et des photos du magazine *Vogue*, la bible de la féminité luxueuse à l'époque. À cette pose, s'ajoutent des mouvements linéaires et angulaires des bras, du corps et des jambes, puis des contorsions.

Pratiqué lors de « ballrooms » aux allures de concours de danse underground, parodies des compétitions de beauté des élites blanches, le voguing dépasse le cadre d'une simple chorégraphie. Il se veut espace flamboyant de libre expression, de solidarité et de fierté. À coups de costumes à paillettes, de maquillage outrancier et de talons aiguilles, les vogueurs jouent les mannequins, riches et divas, le temps d'un soir. Avec l'essor des musiques électroniques dans les années 80, la scène se répand en dehors des milieux queers et atteint le grand public dans les boîtes de nuit. Les médias s'y intéressent, le *Time* l'annonce comme le nouveau breakdance ; de grands créateurs de mode comme Thierry Mugler ou Jean Paul Gaultier emploient les services de vogueurs pour leurs défilés ; des documentaires et des artistes les mettent sous le feu des projecteurs ; Madonna s'approprie l'engouement pour en faire un morceau intitulé « Vogue »... C'est l'heure de gloire.

Au cours de la décennie 90, le mouvement redevient intimiste à mesure que l'épidémie de SIDA décime les danseurs avant de retrouver son effervescence grâce à des stars de la pop culture comme Beyoncé ou Lady Gaga. C'est dans cette veine qu'Aya a ainsi convié une légende du renouveau des ballrooms, Vinii Revlon, accompagné d'autres vogueurs, dans le cadre du prestigieux château de Fontainebleau pour le clip de « Pookie », réalisé par Vladimir Boudnikoff. Le symbole est fort : les minorités marginalisées d'autrefois brillent désormais sous les dorures royales. Elles se sont secrètement rêvées en divas, elles s'affichent maintenant avec noblesse au grand jour.

Le parallèle avec Aya se révèle évident. Comme elle l'explique à *Têtu* : « J'adore le voguing. C'est une danse originale avec beaucoup de nonchalance, et en même temps les mouvements dégagent vachement de confiance en soi. Il y a un côté "regardez-moi, je suis là, qu'est-ce qu'il y a ?" » À prendre ou à laisser !

R

## Reine de France

Le couronnement a probablement eu lieu lorsqu'elle a assiégé l'une des demeures préférées des rois de France, le château de Fontainebleau pour le clip de « Pookie » en 2019. Vêtue d'une robe jaune en soie Balenciaga portée par l'ex-Première dame Michelle Obama quelques mois plus tôt, Aya impose symboliquement son règne. Les records de l'album *Nakamura*, son rayonnement international avec cette place d'artiste féminine francophone la plus écoutée à l'étranger, ainsi que l'aura de puissance qui se dégage de son univers. Tout cela participe à ce que le public l'anoblisse au rang de « Reine de France ». Un comble pour la jeune femme née au Mali qui n'obtiendra la nationalité française qu'en 2021…

Pourtant, ce surnom, elle l'a longtemps refusé. Il la mettait mal à l'aise, la questionnait sur l'image qu'elle pouvait renvoyer. Elle craignait de faire peur et de créer une distance avec les auditeurs, alors même qu'elle s'efforçait à l'inverse d'abolir les barrières en se livrant avec la plus grande sincérité sur ses sentiments, ses forces et faiblesses[1]. Pour Aya, la majesté qu'on lui attribuait était incompatible avec l'hypersensibilité exposée sans fard tout au long de sa discographie et à l'origine de son succès.

Le temps a permis de l'accepter. Plusieurs années de notoriété lui ont fait comprendre qu'elle avait « une dégaine de leader, pas de suiveuse », confie-t-elle à BFM en janvier 2023. Au *M, le magazine du Monde*, qui lui consacre la même année un portrait intitulé d'ailleurs « La Queen de la pop française », elle admet endosser ce rôle : « Oui, je suis un symbole. Je sais qu'il y a beaucoup de jeunes femmes qui s'identifient à moi. » Ce qu'elle confirme en 2024 lors de la cérémonie des Flammes, récompensant les artistes des musiques populaires, en dédiant ses trophées à « toutes les renois, les petites filles qui me regardent. Bien sûr qu'on vient de loin ! »

Consciente de sa responsabilité, son altesse La Nakamurance assume dorénavant son statut de Reine de France. Illustration parfaite lors du spectaculaire « Vogue World », défilé de mode géant réunissant les plus prestigieuses célébrités de la planète. Après New York et Londres, il se tient à Paris

1. Cf article « Hypersensible », p. 65.

le 23 juin 2024 et se veut une célébration des arts et de la culture française. Ce jour-là, à travers différentes scènes et tableaux, le pays ouvre une fenêtre sur son histoire, son identité, ses talents.

Au cœur de la mythique place Vendôme, des mannequins paradent en robes Chanel style années folles, des danseurs virevoltent habillés en garçons de café, fausses bouteilles de vin à la main, des cyclistes réalisent des mini Tours de France devant le Ritz, image du raffinement et du luxe « à la française ». Et puis, au milieu de ce spectacle impressionniste *so Frenchy*, Aya Nakamura interprète « Fly », accompagnée d'un orchestre symphonique et drapée dans une réalisation de l'un des plus historiques couturiers de l'Hexagone, Jean Paul Gaultier. Aux yeux du monde, elle apparaît comme l'ambassadrice culturelle de la France, dont elle incarne à cet instant la créativité et l'élégance. Que ça plaise ou non, elle en est l'image à l'étranger.

Et si cela en agace certains, il faut reconnaître que sa musique mérite amplement le label « à la française ». À la différence du rap et du rock qui s'inspirent par essence des États-Unis, Aya propose un son typiquement français intégrant toutes les composantes de la diversité du pays : les *vibes* des Antilles, les influences de l'Afrique, les énergies qui émergent des banlieues, la métamorphose de la langue des jeunes générations…

Ses chansons portent en elles le riche ADN national. Et ce jusque dans les polémiques et les critiques qu'elles suscitent, reflet des tensions identitaires et politiques parcourant la société. Aya est bien la Reine de France, même si, malheureusement, le royaume est divisé.

# S

## SOLITAIRE

« Et en tête-à-tête avec moi-même / Solitaire je me sens complète[1]. » Elle a à peine seize ans lorsqu'elle écrit dans son carnet secret cette première chanson qu'on découvrira sous le titre « Si tu savais » en 2017 au sein du bien-nommé *Journal intime*. Sa ligne de conduite y est déjà toute tracée, ancrée au plus profond de son caractère : Aya se méfie des autres et préfère n'avoir foi qu'en elle-même.

Aussi incroyable que cela puisse paraître, la détermination de l'adolescente n'a pas cédé face au succès et aux enjeux colossaux entourant une star de son niveau. Elle gère en effet sa carrière seule, depuis plus de cinq ans. Elle n'a à ce jour pas de manageur à ses côtés, fait assez inédit pour une artiste d'une telle envergure, qui doit jongler entre les contrats publicitaires, les sorties musicales, les concerts et les apparitions événementielles ou médiatiques. Elle

1. « Si tu savais », *Journal intime*, 2017.

reçoit bien sûr des conseils ici ou là, de la part de son label, de son attachée de presse, de l'organisateur de ses tournées, mais ne dispose pas d'une garde rapprochée de management l'accompagnant au quotidien.

« J'ai un problème avec l'autorité. À chaque fois que j'ai eu des manageurs, je ne me sentais pas libre de mes actions ou de mes envies. Il fallait toujours discuter alors que c'est moi qui décide à la fin, donc c'est un gain de temps », explique-t-elle au micro de *Totémic* sur les ondes de France Inter en 2023. « Je suis une femme qui sait ce qu'elle veut, et on peut souvent être à côté de moi et ne pas avoir les épaules ou se sentir dépassé. » Le refrain du morceau « Biff » extrait de son troisième album *AYA* nous vient forcément en tête : « J'fais mon biff et j'me débrouille toute seule / Ce que j'ai, je l'ai gagné toute seule[1]. »

Être solitaire est également un bon moyen de se prémunir des trahisons qui semblent avoir fait souffrir la jeune femme. Son tout premier agent et ami de longue date, Dembo Camara, avance une hypothèse au *M, le magazine du Monde*, en 2023 : « Je crois qu'Aya a été beaucoup déçue par les gens qui se sont occupés d'elle au fil du temps, il y a eu des histoires d'argent… De mon côté, quand je suis

1. « Biff », *AYA*, 2020.

parti travailler dans un autre domaine, alors qu'elle commençait à exploser, elle s'est retrouvée seule et l'a vécu comme une trahison terrible. »

Peu importe ce qu'il s'est réellement produit à l'époque, cette crainte d'être dupée et le besoin d'une solitude protectrice résonnent fréquemment dans sa discographie. Le morceau « Faya », tiré de son deuxième album, en est l'illustration parfaite : « Y a pas d'secret, je sais / Je médite et là j'me dis / Toute seule, reste seule[1]. »

Pour atteindre ses objectifs et continuer à rêver aux « millions d'euros [qu'elle a] dans le viseur[2] », Aya ne veut compter que sur elle-même. Solitaire à jamais. Mais après tout, elle nous l'a rappelé en chanson à l'été 2024 : « Dans ma tête, on est quarante-deux[3] »…

---

1. « Faya », *Nakamura*, 2018.
2. *Idem.*
3. « 42 », single non rattaché à un album, 2024.

T

## Topline

Si le pouvoir de « La Reine de France » n'a rien de surnaturel, à la différence de son homonyme Hiro Nakamura[1] capable de voyager dans l'espace-temps, il n'est pourtant pas dépourvu de magie. Et il réside en grande partie dans ce qu'on appelle la « topline ».

La topline est un art mystérieux, qui consiste à produire des mélodies déverrouillant les cœurs et les esprits du plus grand nombre, au point de ne plus pouvoir les déloger. Bien souvent les stars du rap et de la nouvelle pop s'offrent les services d'artistes de l'ombre, experts de l'exercice. Aya, elle, maîtrise cet art à merveille. La Nakamurance opère seule ou de temps à autre épaulée par les beatmakers de son entourage, comme Ever Mihigo, qui peuvent enrichir les instrumentales avec des démos de refrains.

1. Cf. l'article « Nakamura », p. 112.

Cet instinct mélodique constitue certainement l'ingrédient le plus savoureux de la recette de son succès et de sa longévité. Son talent pour renouveler ses toplines, tubes après tubes, est peu commun et garantit une certaine fraîcheur à sa musique, qui peut parfois être marquée par une forme de répétition dans les textes ou les sonorités. Elle déniche en permanence de nouvelles formules marquantes, de nouveaux gimmicks, en choisissant des tournures qui percutent le cerveau : depuis l'entêtant « Comment tu bombes, bombes, bombes[1] » de « Beleck » jusqu'au « Il veut câlin partout partout / Veut cher-tou partout partout / Affection et tout et tout[2] » de « Baby », en passant par le refrain de « Jolie nana », « Jolie nana recherche joli djo / Comment on fait, j'suis pas très mytho / Moi j'ai le truc je sens les pipeaux[3]. » Ici, on combine l'argot ivoirien « djo » (pour « mec ») avec l'apparition de « pipeaux » qui provoque un petit choc mental : le mot n'est plus actuel, on ne s'attend pas à le trouver là. Des synonymes comme « embrouilles » ou « mensonges » auraient pu faire l'affaire mais « pipeaux » sonne mieux : il fait presque office

1. « Beleck », *DNK*, 2023.
2. « Baby », *DNK*, 2023.
3. « Jolie nana », *AYA*, 2020.

d'onomatopée, à la fois enfantin et démodé, tout comme le terme « nana ». La répétition de « joli », pour qualifier la femme et l'homme, comme le feraient des enfants, évoque même une tonalité de comptine qu'on retrouve également dans les mots « doudou », « mimi » et « bêtises » qu'elle fait d'ailleurs rimer avec le plus osé « bitches » sur « Hypé ». Toutes ces associations surprenantes contribuent à créer un décalage séduisant qui reste en tête.

Elle n'hésite pas non plus à alterner les tons aigus et graves de sa voix, dans « VIP » entre autres, à mélanger les langues comme sur « Corazon » lorsqu'elle chante « Mi corazon / I love you trop[1] », voire à prendre des accents, l'accent bambara par exemple sur le refrain de « Chérie ».

Derrière cette créativité qui séduit le grand public depuis près de dix ans, aucune méthode scientifique. Aya raconte avoir forgé son talent à l'adolescence lorsqu'elle s'entraînait à trouver des mélodies « au feeling » en s'ambiançant avec ses potes au quartier. L'inspiration reste aussi naturelle aujourd'hui. Posée dans son canapé ou en train de fumer une cigarette, elle regarde ses mails, écoute les instrus que des compositeurs lui envoient et dès que l'une de celles-ci retient son attention, elle

1. « Corazon », *DNK*, 2023.

ouvre l'application « Voloco » (qui permet le traitement de la voix en temps réel) et laisse ses émotions et son énergie du moment s'exprimer, sans rien contrôler. Le single « 42 », sorti à l'été 2024, nous donne un aperçu de ses intuitions puisque le dernier couplet est, en réalité, son enregistrement « en yaourt », des paroles sans aucun sens, faites de mots inventés, destinées à construire la topline. Un accès inédit au *work in progress* de l'artiste.

Les fulgurances, elle ne peut les expliquer davantage, elle confesse même ne pas se reconnaître parfois en réécoutant certains enregistrements. Les voix d'Aya sont impénétrables. Mais terriblement efficaces.

# Z

## Zouk

Le zouk est-il un gros mot ? Il semble en effet tabou parmi les étiquettes qu'on a tenté de coller à l'identité d'Aya. Qualifiée à tort de rappeuse – sa façon d'aborder l'art de la rime, les placements des phrasés et l'écriture sont radicalement différents –, de voix R'n'B – ses intonations et ses techniques vocales en sont souvent bien éloignées –, ou d'artiste de variété – ce qui amoindrit la richesse de ses inspirations –, elle est rarement reconnue comme chanteuse de zouk. Et pourtant, c'est une grande partie de son ADN.

Le zouk est la musique des boums des après-midi de sa jeunesse. Celle des clips diffusés sur Trace, MTV ou M6 pendant les années 2000, des tubes de la compilation *Dis L'Heure 2 Zouk* aux singles « Flamme » de Slaï ou « Emmène-moi avec toi » de Perle Lama. Il est encore aujourd'hui l'un des styles qu'elle écoute le plus. Tout comme beaucoup de ses compositeurs, afro-descendants, qui ont grandi avec. Qu'ils soient d'origine camerounaise, ivoirienne, cap-verdienne ou malienne, nombreux sont les enfants d'immigrés à avoir été bercés par ce genre qui a connu une popularité colossale en Afrique à l'époque de leurs parents dans les années 90 et 2000.

Mais qu'est-ce que le zouk précisément ? Au départ, dans les années 70 aux Antilles, un terme qui désigne simplement le fait de sortir danser. C'est le groupe mythique Kassav' qui voit son public nommer leur musique « zouk » dans les années 80. L'appellation reste pour décrire ce son qui fusionne des percussions héritées des esclaves venus d'Afrique subsaharienne, le Bèlè martiniquais et le Gwo Ka guadeloupéen, à des touches de dancehall, de reggae, de merengue, le tout mélangé au groove du funk et du jazz américains. Un cocktail créole qui séduit les Caraïbes, l'Afrique et le monde entier. L'Hexagone n'y échappe pas, même si le triomphe du zouk et son apport culturel sont peu mis en avant. Cependant les chiffres ne mentent pas : Kassav', qui a rempli le Zénith de Paris plus de soixante fois, est le tout premier groupe à se produire au Stade de France, en 2009, avant Indochine.

La génération suivante, qui emprunte quelques touches R'n'B et centre ses chansons sur l'amour, connaît aussi de beaux succès en donnant naissance au Zouk Love : « Mon soleil » de Princess Lover,

« Ancrée à ton port » de Fanny J, « On a changé » du trio Les Déesses, ou encore « Confidence » de Kim, pour n'en mentionner qu'une poignée. Malgré tout, le mouvement ne s'impose pas en France. « Ce qui nous a manqué à l'époque, ce sont les médias. Je pense qu'on était populaires, qu'on était même écoutés mais pas assez mis en valeur. On faisait un zouk trop caribéen pour eux », estime la chanteuse Kim pour le média *Views* en 2023. Aya vient donner une nouvelle exposition au genre.

Dès son tout premier clip en 2015, pour le morceau « J'ai mal », elle met en avant l'univers qui la nourrit depuis des années, et se présente au public avec un pur produit zouk, dans l'esthétique et les sonorités. Dès lors, elle ne cesse d'y puiser ses inspirations, en parallèle de l'afrobeats[1]. Son zouk devient un zouk 3.0 et s'enrichit d'accords qui peuvent sonner plus mélancoliques, de flows davantage saccadés, et d'un vocabulaire et d'une énergie se rapprochant par moments du hip-hop. Il constitue l'une des trames principales de sa signature sonore.

Parmi les très nombreux titres de sa discographie qui en sont imprégnés, citons-en quelques-uns : pour son deuxième album *Nakamura*, elle ravive un classique du groupe Facteur X, composé du

1. Cf. l'article « Naija Music », p. 109.

chanteur Jango Jack et des rappeurs Ol Kainry et Kamnouze ; le morceau « Pom Pom Pom » de 2004 se renomme pour l'occasion « Pompom ». Au sein du projet suivant *AYA*, elle reprend « Sentiments grandissants » de la chanteuse Karima en 2008. Et sur le quatrième opus *DNK*, elle fait le choix d'ajouter à sa liste d'invités, outre les têtes d'affiche du rap SDM et Tiakola ainsi que la superstar portoricaine Myke Towers, la chanteuse Kim dont les tubes ont bercé la fin des années 2000. Une collaboration qui pourrait paraître surprenante d'un point de vue commercial, étant donné l'écart de popularité entre les deux artistes, mais qui relève d'une logique artistique implacable : Aya rend hommage à son héritage et à sa filiation.

Si elle porte aujourd'hui la couronne de la musique populaire, le zouk, de retour en grâce, fait indéniablement office de sceptre.

# ÉPILOGUE

Le morceau « Fin », outro de *DNK*, pourrait offrir la meilleure conclusion à notre plongée dans le monde d'Aya Nakamura. Les paroles semblent être directement adressées au lecteur désormais initié : « Tu connais les bails, les bails / Ouais, tous les petits détails[1]. »

Sauf qu'un dictionnaire est sans fin. Car toute langue ne cesse d'évoluer et de se métamorphoser. Ce dictionnaire critique n'est donc qu'une photographie du langage créatif, musical et social d'une jeune artiste d'à peine trente ans, qui a bousculé la France sur tous les plans et n'est probablement pas près de s'arrêter. « Bien évidemment j'vais tout péter / Bah ouais poto tu connais l'scénario[2]. »

Nous lui rendons la plume pour écrire la suite du film. *Quid* de ses futurs horizons artistiques :

1. « Fin », *DNK*, 2023.
2. « Claqué », *Nakamura (Deluxe Edition)*, 2019.

quelles couleurs prendront ses chansons ? Quelles mutations sonores va-t-elle proposer ? Qu'en sera-t-il de son ouverture internationale ? Avec qui pourrait-elle collaborer et à quelle stature va-t-elle accéder hors de France ? Quant à sa place dans la mode, lancera-t-elle un jour sa propre marque ? S'investira-t-elle dans le monde des affaires ? Le cinéma ? Mènera-t-elle des combats politiques… ? L'avenir est bien mystérieux à cet instant de sa carrière.

« Un dictionnaire est une machine à rêver », d'après le critique littéraire Roland Barthes. Celui-ci ouvre le champ des possibles. Et la future trajectoire d'Aya reflétera, quoi qu'il en soit, la France de demain.

Un grand merci à Nicolas Krastev-Mckinnon d'avoir initié cette collection des dictionnaires critiques, à Nicolas Rogès pour le soutien. Également un grand merci à Mahir Guven, à Marie Grée et à toutes les équipes du label La Grenade pour votre confiance et votre enthousiasme dans la réalisation de ce projet.

# Bibliographie

## Presse

Dolores Bakela, « Qu'est-ce que c'est que ce zouk ? », *Libération*, mai 2021.

Olivier Cachin, « Aya Nakamura, *DNK* en mode solitaire », RFI, janvier 2023.

Olivier Cachin, « Aya Nakamura, pop Save the Queen », RFI, novembre 2020.

Rokhaya Diallo, Interview d'Aya Nakamura : « La musique est un milieu de mecs et ça ne me pose pas de problème », *GQ*, novembre 2023.

Rokhaya Diallo, « *Aya Nakamura is a proud Black woman. Is that why she's not 'French enough' for the Paris Olympics ?* », *The Guardian*, mars 2024.

Lucas Désirée, « Le Zouk, roi sans couronne », *Views*, octobre 2023.

Juliette Hochberg, « Le succès d'Aya Nakamura, nouvelle reine du R'n'B français », *Marie Claire*, 2019.

Sylvia Jorif, « Rencontre exclusive avec Aya Nakamura », *Vogue France*, novembre 2021.

Jeanne Lacaille, « *Moussolou* d'Oumou Sangaré : l'album qui a révélé la diva du Mali », *PAM*, mai 2020.

Raphaël Malkin, « Aya Nakamura, la “Queen de la pop française” », *M, le Magazine du Monde*, janvier 2023.

Corinne Mencé-Caster, « Les textes d’Aya Nakamura représentent bien la diversité de la langue française, voici pourquoi », *Ouest-France*, mars 2024.

Brice Miclet, « Aya Nakamura signe un nouvel album attendu, mais pas décevant », *Les Inrockuptibles*, novembre 2020.

Brice Miclet, « C’est quoi votre problème avec Aya Nakamura ? », *Tsugi*, décembre 2020.

Marie Mougin, « Le “Voguing” : de la communauté noire LGBT à Madonna… Histoire d’un mouvement », France Inter, septembre 2018.

Christelle Oyri, « *Aya Nakamura is flipping France’s rigid rules, beautifully* », *The Fader*, novembre 2018.

Antoine Patinet, Interview d’Aya Nakamura : « Pourquoi ce serait tabou de parler de cul ? », *Têtu*, juillet 2024 (reprise d’une interview de 2020).

Elian Peltier, entrée « Aya » dans l’article « *Europop* », *New York Times*, mai 2019.

Fabrice Pliskin, « “T’aimes trop la chair” : on a écouté le nouvel album d’Aya Nakamura, *DNK* », *Le Nouvel Obs*, janvier 2023.

Julie Rambal, « Il y a trente ans explosait le voguing », *Le Temps*, août 2021.

Valentine Rousseau, « Aya Nakamura à l’Accor Arena : “Elle représente la réussite de notre communauté” », *Le Parisien*, mai 2023.

Noémie Taty, « “Dis-le terme” : faut-il avoir peur du grand méchant zouk ? », *Yard*, septembre 2021.

Anthony Vincent, « Aya Nakamura chantera pour la cérémonie d'ouverture des JO 2024, et le mépris contre elle redouble déjà », *Madmoizelle*, mars 2024.

Yoofat, « Chronique de *DNK* », *Goûte mes disques*, février 2023.

« Aya Nakamura, sous le soleil exactement », *Vanity Fair*, mai 2021.

## Radio, podcasts

Pascal Cefran, « Aya Nakamura au lycée Voillaume à Aulnay-sous-Bois », Mouv', octobre 2017.

Claire Leys, « Comment Aya Nakamura a “dead ça” », *L'Heure du Monde*, janvier 2023.

Rebecca Manzoni, « Aya Nakamura pour l'album *DNK* », *Totémic*, France Inter, février 2023.

Marie Poussel, « Comment l'enfant d'Aulnay-sous-Bois est devenue la Française la plus écoutée au monde », *Podcast Code Source*, *Le Parisien*, novembre 2020.

Léa Salamé, *Femmes puissantes*, France Inter, décembre 2020.

Da Seth, « Rémy Corduant – Il suffit d'une personne pour changer votre destin », *Entourage Podcast*, juillet 2024.

## TV et vidéos web

Mouloud Achour, « Aya Nakamura : la reine Pop », *Clique Dimanche*, Canal+, février 2019.

Mouloud Achour, « Aya Nakamura : Trop loin pour toi », *Clique*, Canal+, octobre 2019.

Mouloud Achour, « Clique x Aya Nakamura », Canal+, novembre 2020.

ALEXIS ET GINO, « Aya Nakamura – Interview Journal Intime », Generations, septembre 2017.

NARJES BAHHAR, « Aya Nakamura – Interview par Narjes », *Jour de sortie,* Deezer, novembre 2020.

BALOO ET DJ TITAÏ, « Fababy & Aya Nakamura – Interview », Generations, décembre 2015.

YANN BARTHÈS, « C'est pas Aya Nakamura qui fait la guerre à Beyoncé, c'est Beyoncé qui fait la guerre à Aya Nakamura », *Quotidien,* TMC, février 2023.

SIHAM BENGOUA, « Interview Aya Nakamura », *Confidences by Siham,* OKLM TV, août 2017.

NEWIN BOKARI, « Aya Nakamura – Comment est né "Djadja" ? Ses beatmakers racontent », *Into the Track,* Melty, décembre 2019.

PASCAL CEFRAN, « Aya Nakamura : "Les rumeurs sur moi me font rire" », Mouv', octobre 2018.

NAOMI CLÉMENT, « Aya Nakamura revient sur les hits de sa carrière », *Iconic Tracks, GQ,* novembre 2023.

RAPHAËL DA CRUZ, « Aya Nakamura – Pookie : comment Le Side et Ever Mihigo ont créé le hit », *La Prod,* Mouv', novembre 2019.

RAPHAËL DA CRUZ, « Aya Nakamura – Jolie Nana : comment John Makabi, Julio Masidi et Isaac L. Vita ont composé le hit », *La Prod,* Mouv', octobre 2020.

DELAMUSICOPÓLIS ET CHRIS DLM4, « Interview Shiruken Music », *Dans le monde de…* juin 2023.

SONIA DEVILLERS ET JENNIFER PADJEMI, « Aya Nakamura : l'égérie Lancôme », *Le Dessous des images,* Arte, décembre 2023.

KERCH KOTAN, « Aya Nakamura : album, carrière, notoriété, Djadja, visuels, personnalité, Niska », Rapelite, octobre 2018.

## BIBLIOGRAPHIE


Anne-Élisabeth Lemoine, avec Bertrand Dicale et Serge Raffy, « Aya Nakamura : une polémique générationnelle ? » *C à vous*, France 5, mars 2024.

Mehdi Maïzi, « Aya Nakamura : *Aya, Inspiration, and Coping During the Pandemic* », Apple Music, décembre 2021.

Mehdi Maïzi, « Aya Nakamura, l'interview », *Le Code*, Apple Music, janvier 2023.

Darryl Ngoufi, « Aya Nakamura : "Quand t'es une femme noire, tu dois être préparée à tout ça !" », Booska-P, octobre 2022.

Alexandra Del Peral et Anahide Merayan, « Aya Nakamura : "J'ai imposé mon univers musical" », AFP uncut, novembre 2020.

Dominique Tchimbakala, « Invitée exceptionnelle : Aya Nakamura », *Le Journal Afrique*, TV5 Monde, septembre 2023.

Idriss « Yagooz » Tidjani et K. Glore Savula Mbongo, « Aya Nakamura : Haut Niveau. Le portrait produit par Lancôme », mars 2024.

T-Miss, « Aya Nakamura, l'interview », Apple Music, novembre 2020.

« Aya Nakamura, la pire interview », Konbini, novembre 2020.

« Aya Nakamura : "C'est important d'être fière de ses propres projets" », *Interview carrière*, Konbini, novembre 2020.

« Aya Nakamura est de retour avec un 4e album », BFMTV, janvier 2023.

## Crédits

### *Journal intime*, © 2017, Label Rec. 118 / Warner Music France, a Warner Music Group Company

« Oumou Sangaré », p. 118. Interprétée par Aya Nakamura ; Écrite par Aya Nakamura ; Composée par Camara Dembo, Christopher Ghenda ; Éditions : Warner Chappell Music France, PMCD, Universal Music Publishing.

« Debout », p. 78. Interprétée par Aya Nakamura ; Écrite par Aya Nakamura ; Composée par Christopher Ghenda ; Éditions : Warner Chappell Music France, Universal Music Publishing.

« Karma », p. 83. Interprétée par Aya Nakamura ; Écrite par Aya Nakamura ; Composée par Christopher Ghenda ; Éditions : Warner Chappell Music France, Universal Music Publishing.

« Problèmes », en featuring avec MHD, p. 65. Interprétée par Aya Nakamura et MHD ; Écrite par Aya Nakamura et MHD ; Composée par Camara Dembo, Christopher Ghenda ; Éditions : Warner Chappell Music France, Universal Music Publishing, PMCD, Nenso Publishing, Artside Publishing.

« Comportement », p. 35 et 39. Interprétée par Aya Nakamura ; Écrite par Aya Nakamura ; Composée par Camara Dembo, Christopher Ghenda ; Éditions : Warner Chappell Music France, PMCD, Universal Music Publishing.

« Si tu savais », p. 78 et 143. Interprétée par Aya Nakamura ; Écrite par Aya Nakamura ; Composée par Christopher Ghenda ; Éditions : Warner Chappell Music France, Universal Music Publishing.

« Oublier », p. 79 et 98. Interprétée par Aya Nakamura ; Écrite par Heezy Lee ; Composée par Dany Synthé ; Éditions : Warner Chappell Music France, SOC Sony ATV allegro Music Publishing France, O-VNEE Éditions.

« Moi », p. 37 et 78. Interprétée par Aya Nakamura ; Écrite par Aya Nakamura ; Composée par Seysey Producer ; Éditions : Warner Chappell Music France, M Factory Publishing.

## *Nakamura*, © 2018, Label Rec. 118 / Warner Music France, a Warner Music Group Company

« Copines », p. 90. Interprétée par Aya Nakamura ; Écrite par Aya Nakamura ; Composée par Aya Nakamura, Glory Panda, Boussbouss, Julio Masidi ; Éditions : Warner Chappell Music France, Sekel.

« Pookie », p. 18 et 125. Interprétée par Aya Nakamura ; Écrite par Aya Nakamura, Archie Lubanzamio Nzonzi ; Composée par Aya Nakamura, Machynist, Ever Mihigo, SOME1NE, Aloïs Zandry ; Éditions : Warner Chappell Music France, Perspective Production, Universal Music Publishing France, Main In Music Publishing, Low Wood Publishing, 6&7.

« Faya », p. 38 et 145. Interprétée par Aya Nakamura ; Écrite par Aya Nakamura, Noxious ; Composée par Aya Nakamura,

Noxious ; Éditions : Warner Chappell Music France, Sony/ATV Music Publishing France, Blue Sky Publishing.

« Gangster », p. 90. Interprétée par Aya Nakamura ; Écrite par Aya Nakamura ; Composée par Aya Nakamura, Starow ; Éditions : Warner Chappell Music France, droits réservés, Ndelengo Ikombe Mumapopo Jeremie.

« Whine up », p. 93. Interprétée par Aya Nakamura ; Écrite par Aya Nakamura ; Composée par Aya Nakamura, Starow ; Éditions : Warner Chappell Music France, droits réservés, Ndelengo Ikombe Mumapopo Jeremie.

« Dans ma bulle », p. 37. Interprétée par Aya Nakamura ; Écrite par Aya Nakamura ; Composée par Aya Nakamura, Le Side, Machynist, SOME1NE, Aloïs Zandry ; Éditions : Warner Chappell Music France, Perspective Production, Universal Publishing France, 6&7.

## *Nakamura (Deluxe Edition)*, © 2019, Label Rec. 118 / Warner Music France, a Warner Music Group Company

« Idiot », p. 56. Interprétée par Aya Nakamura ; Écrite par Aya Nakamura, Scridge / Van et Clef ; Composée par Akatché, Isaac Luyindula, Momo Wang, William Opifex ; Éditions : Warner Chappell Music France, BLZ Publishing, Guest Music.

« Claqué », p. 159. Interprétée par Aya Nakamura ; Écrite par Aya Nakamura / Van et Clef, Scridge ; Composée par Garner Siphon, Dimitri Soutarson ; Éditions : Warner Chappell Music France, BLZ Publishing.

## *AYA*, © 2020, Label Rec. 118, Warner Music France

« Jolie nana », p. 55 et 150. Interprétée par Aya Nakamura ; Écrite par Aya Nakamura ; Composée par Aya Nakamura, Isaac Luyindula, John Makabi, Julio Masidi ; Éditions : Warner Chappell Music France, Guest Music, Aya Musical, Sekel.

« Biff », p. 55 et 144. Interprétée par Aya Nakamura ; Écrite par Aya Nakamura, Drama State, Archibald Smith ; Composée par Aya Nakamura, Archibald Smith, Drama State ; Éditions : Warner Chappell Music France, Sony/ATV Music Publishing France, Blue Sky Publishing, Aya Musical, Main In Music Publishing.

« Love de moi », p. 91. Interprétée par Aya Nakamura ; Écrite par Aya Nakamura, JEDN ; Composée par Aya Nakamura, JEDN, Julio Masidi, Starow ; Éditions : Warner Chappell Music France, Guest Music, Aya Musical.

« Ça blesse », p. 90. Interprétée par Aya Nakamura ; Écrite par Aya Nakamura ; Composée par Aya Nakamura, Timothee Barthod-Prothade, Heezy Lee ; Éditions : Katrina Music, Warner Chappell Music France, Sony/ATV Music Publishing France, Red Nation Publishing, Aya Musical.

« Hot », p. 91. Interprétée par Aya Nakamura ; Écrite par Aya Nakamura ; Composée par Aya Nakamura, Guapo du Soleil, SOME1NE ; Éditions : Warner Chappell Music France, Aya Musical, Maison Antares, 6&7, Perspective Production, Sony Music France, Universal Music Publishing.

« La machine », p. 37. Interprétée par Aya Nakamura ; Écrite par Aya Nakamura, Vladimir Boudnikoff ; Composée par Aya Nakamura, Ever Mihigo, Machynist, SOME1NE (pour Le Side) ; Éditions : Warner Chappell Music France, 6&7, Vova Records, Universal Music Publishing France.

« Préféré », en featuring avec OBOY, p. 92. Interprétée par Aya Nakamura, OBOY ; Écrite par Aya Nakamura, OBOY ; Composée par Machynist & Aloïs Zandry (pour le Side), Judicael Oncomode, Nathanael Oncomode, Jxn Beats ; Éditions : Warner Chappell Music France, 6&7, Vova Records, Universal Music Publishing France, Judicael Oncomode, Nathanael Oncomode, Perspective Production.

## *DNK*, © 2023, Label Rec. 118 Nakamura Industrie – Warner Music France

« Corazon », p. 151. Interprétée par Aya Nakamura ; Écrite par Aya Nakamura ; Composée par Aya Nakamura, Seysey ; Éditions : Aya Musical, Warner Chappell Music France, Black Palladium.

« Baby », p. 92 et 150. Interprétée par Aya Nakamura ; Écrite par Seny Silva Tavares, Marvin Mayonzika Tshondo, Aya Nakamura, Guishkow, Maximilien Silva Tavares, Rodriguez Collinet Leo ; Composée par Seny Silva Tavares, Marvin Mayonzika Tshondo, Aya Nakamura, Guishkow, Maximilien Silva Tavares, Rodriguez Collinet Leo, Shiruken Music ; Éditions : Aya Musical, Warner Chappell Music France, Wati B, Wence Publishing, Universal Music Publishing France.

« Daddy », en featuring avec SDM, p. 66 et 67. Interprétée par Aya Nakamura, SDM ; Écrite par Aya Nakamura ; Composée par Aya Nakamura, SDM, Pierre Mathieu Lanca, Drama State ; Éditions : Aya Musical, Warner Chappell Music France, Vova Records, Universal Music Publishing France, Sony/ATV Music Publishing France, Blue Sky Publishing, 432 Publishing, Tallac Publishing.

« Beleck », p. 26 et 150. Interprétée par Aya Nakamura ; Écrite par Aya Nakamura ; Composée par Aya Nakamura, Seny

Silva Tavares, Maximilien Silva Tavares, Skiruken Music ; Éditions : Aya Musical, Warner Chappell Music France, Wati B, Wence Publishing, Universal Music Publishing France.

« J'ai mal », p. 91. Interprétée par Aya Nakamura ; Écrite par Aya Nakamura ; Composée par Aya Nakamura, Seny Silva Tavares, Maximilien Silva Tavares; Éditions : Aya Musical, Warner Chappell Music France, Wence Publishing, Universal Music Publishing France.

« Le goût », p. 92. Interprétée par Aya Nakamura ; Écrite par Aya Nakamura ; Composée par Aya Nakamura, Seysey ; Éditions : Aya Musical, Warner Chappell Music France, Black Palladium.

« Haut niveau », p. 55. Interprétée par Aya Nakamura ; Écrite par Aya Nakamura ; Composée par Aya Nakamura, Starow ; Éditions : Aya Musical, Warner Chappell Music France, Guest Music.

« Fin », p. 159. Interprétée par Aya Nakamura ; Écrite par Aya Nakamura ; Composée par Rodriguez Collinet Leo, Guishkow, Marvin Mayonzika Tshondo, Shiruken Music, Hard Level ; Éditions : Aya Musical, Warner Chappell Music France, Wati B.

## *DNK (Bonus Track Edition)*, © 2023, Label Rec. 118 Nakamura Industrie – Warner Music France

« Come back », p. 91. Interprétée par Aya Nakamura ; Écrite par Aya Nakamura ; Composée par Aloïs Zandry, Aya Nakamura, Djadoo, Vladimir Boudnikoff, Zimgotit ; Éditions : Aya Musical, Warner Chappell Music France.

## Singles non rattachés à des albums

« Dégaine », en featuring avec Damso, 2022, p. 50. Interprétée par Aya Nakamura, Damso ; Écrite par Aya Nakamura ; Composée par Aya Nakamura, Damso, Machynist ; Éditions : Aya Musical, Warner Chappell Music France, Dems Entreprise, 6&7, Universal Music Publishing, Perspective Production.

« VIP », 2022, p. 124. Interprétée par Aya Nakamura ; Écrite par Aya Nakamura ; Composée par Aya Nakamura, BGRZ ; Production : BGRZ ; Éditions : Warner Chappell Music France, Universal Music Publishing, Aya Musical.

« 42 », 2024, p. 145. Interprétée par Aya Nakamura ; Écrite par Aya Nakamura ; Composée par Aya Nakamura, Seny Silva Tavares, Maximilien Silva Tavares, Seysey, Starow ; Éditions : Warner Chappell Music France, Rec 118 / Nakamura Industrie.

## Autre

Charles Aznavour, « For me… Formidable », *Qui ?*, © 1963, Universal Music B.V. Interprétée par Charles Aznavour, Paul Mauriat ; Écrite par Jacques Plante ; Composée par Charles Aznavour.

CET OUVRAGE A ÉTÉ COMPOSÉ PAR PCA
ET ACHEVÉ D'IMPRIMER SUR ROTO-PAGE
EN FRANCE PAR L'IMPRIMERIE FLOCH
POUR LE COMPTE DES ÉDITIONS J.-C. LATTÈS
17, RUE JACOB – 75006 PARIS
CONTACT-LATTES@jclattes.fr
EN JANVIER 2025

PAPIER CERTIFIÉ

JC Lattès s'engage pour l'environnement en réduisant l'empreinte carbone de ses livres. Celle de cet exemplaire est de :
300 g éq. $CO_2$
Rendez-vous sur www.jclattes-durable.fr

N° d'édition : 01 – N° d'impression : 106216
Dépôt légal : janvier 2025
*Imprimé en France*